教養中国語

―コミュニケーション入門篇―

范建明・木村守・千葉偉一・李偉　著

白帝社

はじめに

外国語　母語と比べれば、外国語は難しいと言えます。難しいですが、やれば必ず身につけることができます。身につけたい強い気持ちと身につけるまで学習していく持続力が目標達成の絶対条件です。

発　音　話せる外国語を身につけるためには、まずその発音を身につけなければなりません。発音は「アタマ」ではなく、「カラダ」に覚えさせるものです。人間の誰もが持つ真似る力を活用してテキストのネイティブの発音を真似ることが近道になります。

言　葉　言葉は貯金と同じで、一攫千金を夢見るのではなく、ふだん少しずつ貯めるべきものです。しかも、一度使ってしまったら無くなるお金と違って、言葉は使えば使うほど自分のものになるものです。外国語学習においては最後には覚えられた言葉の量が物を言うのです。

文　型　会話には文法の知識よりも文型のほうがより役に立ちます。会話力を高めていくには、文型をたくさん覚えたほうがよいのです。

文　法　基礎文法は重要です。しかし、「文」がなければ「法」もありません。つまり文法は文の外にあるのではなく、文の中にあるのです。役に立つ文法を修得したいなら、文をたくさん暗唱することが重要です。

　以上のような考え方から１５年前にこの初心者向けのテキストを作りました。全体は発音篇4回と本文篇15課からの構成です。今回は、長年このテキストを使われた先生方や学生の皆さんからのフィードバックを踏まえ、いっそうの使いやすさと学習効果を追求するために、内容から配列まで大幅に改訂を行いました。編集上の特徴と使用時の注意点について以下に説明します。

▶「発音」
　　発音篇は4回にわけて学びます。子音や母音の発音練習はもちろん、特に子音と母音と声調を合わせた音節の発音練習を重視しました。自分の真似る力を信じて音声データの発音を繰り返し真似て練習して下さい。

▶「本文」

　本文篇の各課は、ピンイン表記の「本文」「新しいことば」漢字表記の「本文」「本文の和訳」「ポイント」「トレーニング」「異文化の窓」から成っています。「本文」の配列については、これまでの漢字の上にピンインをつける形をやめ、ピンイン表記と漢字表記を別々のページに配列しました。そこには、学習者に漢字ばかりの中国語を身につけるために、ピンインは漢字を読むための道具に過ぎず、漢字をピンインなしで読めなければならない、という中国語の特徴を理解してもらう狙いがあります。学習者は先にピンイン表記の本文を読みなれたうえで、漢字表記の本文を読むことへと進み、どんどん漢字が読めるようになるという学習効果が期待されます。各本文は身近な話題を中心とした内容で、それを暗唱できるまで熟読しましょう。なお、音読の時間を１分でも多く確保するために、今回は本文の日本語訳を付け、意味の理解に時間をあまりかけずに済むようにしました。

▶「新しいことば」

　本テキストに出ていてる言葉は全て使う頻度の高い基本語彙と見てよいです。語彙についての説明は基本的にその課での語義に限ります。また、言葉を覚えるときには個々の孤立した言葉としてではなく、文の中で覚えていきましょう。

▶「ポイント」

　学習者が自習や復習もできるように、各課で取り上げた文法のポイントについて、例文を挙げただけでなく、ポイント理解のための説明もしました。授業の前と後にそれらを確認すると、文法ポイントへの理解がいっそう深まります。

▶「トレーニング」

　「一」の文型練習はこのテキストの特徴の一つです。計４４の文型があります。置き換えの言葉を使ってこれらの文型を繰り返し練習することによって、語彙が増え、文法の基礎力を固められるだけでなく、基礎的なコミュニケーション能力も修得できます。「二」は言葉の練習です。ピンインから漢字を書き、漢字からピンインを書く練習を通じて、ピンインと漢字をしっかりと覚えていきます。「三」と「四」の練習は主に文法問題です。それぞれの課で取り上げた文法ポイントを理解したかどうかのチェックです。トレーニングは、学生に授業内容を復習させたうえで、翌週の最初の時間に行うのが効果的かも知れません。レベル的には、全体として「日本中国語検定試験」の準４級から４級の問題に相当するものだと思われます。

▶「音声データ」

　テキストの音声データについては、今回 CD から Web 配信へと変えました。パソコンやスマートフォンなどを使っていつでもどこでも思い立った時にその場で QR コード先のページにアクセスして音声確認や発音練習をすることができるようにしました。学習者にとってはたいへん効率的かつ便利で、高い学習効果が期待されます。

　　　音声データのＵＲＬ：https://kyoyo-chinese.net/

▶「異文化の窓」

　本文篇の各課に「異文化の窓」を設けました。中国語と中国の社会は密接に関連しているので、中国語を勉強するからには中国という国の社会的、歴史的、文化的、政治的、経済的諸方面について理解していかなければなりません。言葉を通じてその文化を知るという視点で、この「異文化の窓」から中国を覗いてみましょう。

▶「付録」

　主に文法事項と、基礎段階に習得すべき助数詞・疑問詞・前置詞・副詞及び決まり文句をまとめました。復習や期末テストなどの時に活用してください。

　本テキストは、これまで使用してきた教科書の改訂版である。テキストの見直し作業の他に、木村守先生には特に音声データの管理を、千葉偉一先生と李偉先生には録音をお願いしました。また、改訂新版の出版を快諾いただいた白帝社の佐藤康夫社長をはじめ、小原恵子専務には完成まで温かく見守ってくださったこと、ここに、衷心よりお礼申し上げます。

范　建　明
2019 年 3 月

目　次

発　音　篇

発音篇（Ⅰ） · 2
発音篇（Ⅱ） · 8
発音篇（Ⅲ） · 12
発音篇（Ⅳ） · 16

会　話　篇

第 1 课　你叫什么名字？ · 22
　　　　　お名前はなんとおっしゃいますか
第 2 课　你是日本人吗？ · 28
　　　　　あなたは日本人ですか
第 3 课　今天几号？ · 34
　　　　　今日は何日ですか
第 4 课　这件衣服漂亮吗？ · 40
　　　　　この服はきれいですか
第 5 课　你家有几口人？ · 46
　　　　　あなたは何人家族ですか
第 6 课　你去哪儿？ · 52
　　　　　あなたはどこに行きますか
第 7 课　你在干什么？ · 58
　　　　　あなたは何をしているのですか
第 8 课　你喝绿茶，还是喝红茶？ · 64
　　　　　緑茶を飲みますか、それとも紅茶を飲みますか
第 9 课　那本漫画看完了吗？ · 70
　　　　　あの漫画は読み終わりましたか
第 10 课　你的汉语好极了 · 76
　　　　　あなたは中国語が上手ですね
第 11 课　下雪比下雨好 · 82
　　　　　雪は雨よりいいです
第 12 课　你能教我汉语吗？ · 88
　　　　　わたしに中国語を教えてくれますか
第 13 课　让你久等了 · 94
　　　　　お待たせしました
第 14 课　一点儿也不疼 · 100
　　　　　ちっとも痛くありません
第 15 课　自我介绍 · 106
　　　　　自己紹介

付録 · 112

発音篇

［目標］

①中国語の声調を正しく理解し、発音できるようにする。

②中国語の母音・子音を理解し、身につける。

③中国語のピンインを見て、正しく発音できるようにする。

④中国語の発音を聞いて、ピンインで書けるようにする。

音声データのＵＲＬ：https://kyoyo-chinese.net/

2　Fāyīn

発音（1）

▶母音表

母音	単母音		a	o	e	i (yi)	u (wu)	ü (yu)
	そり舌母音		er					
	複母音	前強型	ai	ei		ao	ou	
		後強型	ia (ya)	ie (ye)	ua (wa)	uo (wo)	üe (yue)	
		中強型	iao (yao)	iou (you)	uai (wai)	uei (wei)		
	鼻母音	前鼻音	an	ian (yan)	uan (wan)	üan (yuan)		
			en	in (yin)	uen (wen)	ün (yun)		
		後鼻音	ang	iang (yang)	uang (wang)	ong		
			eng	ing (ying)	ueng (weng)	iong (yong)		

注意：( ) 内のものは母音だけで音節を構成するときの表記である。

▶子音表

		無気音	有気音		
子音	唇音	b(o)	p(o)	m(o)	f(o)
	舌尖音	d(e)	t(e)	n(e)	l(e)
	舌根音	g(e)	k(e)	h(e)	
	舌面音	j(i)	q(i)	x(i)	
	舌歯音	z(i)	c(i)	s(i)	
	そり舌音	zh(i)	ch(i)	sh(i)	r(i)

一、発音してみよう

Nǐ hǎo !
1 你 好！

Nín hǎo !
2 您 好！

Tóngxuémen hǎo !
3 同学们 好！

Lǎoshī hǎo !
4 老师 好！

二、ピンイン記号

　ピンイン（拼音 pīnyīn）とは、子音と母音で一つの音を合わせるという意味である。現代中国語のピンイン記号は中国式ローマ字による発音記号と声調記号で表記する。例えば、上の"同学们好"をピンイン記号で示すと、"Tóngxuémen hǎo"となる。
　中国語を身につけようとするなら、まずこのピンイン記号の読み書きを覚えなければならない。それは、日本語を身につけるためには、まず平仮名や片仮名を覚えなければならないのと同じことである。

三、音節

　中国語は1文字1音節である。例えば、"同学们好"の一文は4文字あるので、四つの音節になる。現代中国語には21種の子音（声母 shēngmǔ）と36種の母音（韵母 yùnmǔ）の組み合わせによる400余りの音節がある。個々の音節を発音するときは、さらに軽声を含めて5種の声調（声调 shēngdiào）をつけて発音しなければならない。

四、音節の仕組み

　音節は子音と母音からなる。例えば"好"の字のピンイン記号を例にすると、hは子音で、aoは母音である。但し、子音がなく、母音だけでなる音節もある。ongと特殊な母音 -i を除いて、すべての母音は単独で音節になることができる。

4   Fāyīn

五、声調

声調は意味を区別するもので、軽声を含めて全5種。

第一声	ー	高く平らに「あー」	mā	妈	（母親）
第二声	／	尻上がりに「ああ」	má	麻	（麻）
第三声	∨	中くぼみに「ああ」	mǎ	马	（馬）
第四声	＼	尻下がりに「ああ」	mà	骂	（罵る）
軽　声	（無し）	軽く短く「あ」	ma	吗	（…か）

注意：声調記号の付け方については、18ページ四を参照すること。

六、単母音（全6種）とそり舌母音（全1種）

母音	単母音	a	o	e	i (yi)	u (wu)	ü (yu)
	そり舌母音	er					

a：「あ」より口を大きくあけて「アー」と発音する。

o：「お」より口を丸くして「オ」と発音する。

e：「え」の口構えから舌をやや後ろに引き、喉の奥から発音する。

i：口を横にうんと引いて「イ」と発音する。

u：唇をすぼめて舌をやや奥に引いて「ウ」と発音する。

ü：「u」の口構えで「i」を発音しようとして発音する。

er：「e」の口構えから舌の先を上にそらしながら発音する。

注意：単母音が単独で音節を構成するときの表記は、a, o, e はそのままで、i, u, ü は yi, wu, yu になる。ü は前に子音 j , q , x が付く場合は、u と表記する。

七、子音（1）　ｂｐｍｆ　ｄｔｎｌ

1、唇音（ｂ，ｐ，ｍ，ｆの後に母音「ｏ」つけて練習する。）

　　　ｂ (o)：唇を閉じ、「ｏ」の構えにしながら息を抑えて発音する。

　　　ｐ (o)：唇を閉じ、「ｏ」の構えにしながら息を強く出して発音する。

　　　ｍ (o)：唇を閉じ、「ｏ」の構えにしながら鼻にかけて発音する。

　　　ｆ (o)：前歯と下唇を摩擦させ、「ｏ」の構えにしながら息をやや強めに出して発音する。

2、舌尖音（ｄ，ｔ，ｎ，ｌの後に母音「ｅ」つけて練習する。）

　　　ｄ (e)：舌先を上の歯茎に強くつけて「ｅ」の構えにしながら溜めた息を抑えて発音する。

　　　ｔ (e)：上と同じ要領で溜めた息を強く出して発音する。

　　　ｎ (e)：舌先を上の歯茎に強くつけて「ｅ」の構えにしながら鼻にかけて発音する。

　　　ｌ (e)：舌先を上の歯茎に強くつけて「ｅ」の構えにしながら溜めた息を舌の両側から出しながら発音する。

6　Fāyīn

八、発音練習

ā	á	ǎ	à	ō	ó	ǒ	ò
ē	é	ě	è	yī	yí	yǐ	yì
wū	wú	wǔ	wù	yū	yú	yǔ	yù
ēr	ér	ěr	èr				

b	+	ā	⇒	bā	p	+	ā	⇒	pā
b	+	ó	⇒	bó	p	+	ó	⇒	pó
b	+	ǐ	⇒	bǐ	p	+	ǐ	⇒	pǐ
b	+	ù	⇒	bù	p	+	ù	⇒	pù
d	+	ā	⇒	dā	t	+	ā	⇒	tā
d	+	é	⇒	dé	t	+	à	⇒	tà
d	+	ǐ	⇒	dǐ	t	+	ǐ	⇒	tǐ
d	+	ù	⇒	dù	t	+	ù	⇒	tù
n	+	à	⇒	nà	l	+	à	⇒	là
n	+	ǐ	⇒	nǐ	l	+	ǐ	⇒	lǐ
n	+	ù	⇒	nù	l	+	ù	⇒	lù
n	+	ǚ	⇒	nǚ	l	+	ǚ	⇒	lǚ

bá	bō	mǔ	nà	mó	dì	nǔ	ne
pá	pō	fǔ	fà	fó	tì	lǚ	le

āyí　　（阿姨 ／ おばさん）　　　　Éyǔ　　（俄语 ／ ロシア語）
yīwù　（医务 ／ 医療関係の）　　yìwù　（义务 ／ 義務）
yǔfǎ　（语法 ／ 文法）　　　　　　fǎyǔ　（法语 ／ フランス語）
nǔlì　（努力 ／ 努力する）　　　　lǚtú　（旅途 ／ 道中）
tèdì　（特地 ／ わざわざ）　　　　nǎli　（哪里 ／ どこ）

トレーニング発音（1）

一、音声を聞いて、発音されたほうのピンイン記号に〇印をつけなさい。

① { ā / à } ② { ó / ò } ③ { ě / é } ④ { yī / yí } ⑤ { yǔ / yú }

⑥ { bá / pá } ⑦ { pǐ / bǐ } ⑧ { tà / dà } ⑨ { tù / dù } ⑩ { nǚ / lǚ }

二、音声を聞いて、発音された通りに声調記号をつけなさい。

① e （鵝）　② yi （一）　③ wu （五）　④ er （二）　⑤ yu （雨）

⑥ da （大）　⑦ ta （她）　⑧ ni （你）　⑨ di （弟）　⑩ pa （怕）

三、音声を聞いて、発音された音節をピンイン記号で記しなさい。

①　　　②　　　③　　　④　　　⑤

⑥　　　⑦　　　⑧　　　⑨　　　⑩

発音 (II)

一、発音してみよう

1　Wǒmen kāishǐ shàngkè!
　　我们　开始　上课！

2　Xiànzài kāishǐ diǎnmíng. Xiǎolín Měijiā.
　　现在　开始　点名。　小林　美佳。

3　Dào!
　　到！

二、複母音（全13種）

複母音	前強型	ai	ei	ao	ou
	後強型	ia (ya)	ie (ye)	ua (wa)	uo (wo)	üe (yue)
	中強型	iao (yao)	iou (you)	uai (wai)	uei (wei)

注意：
① 前強型の複母音は、前の母音を強く長く、後の母音を弱く短く発音する。
　 後強型の複母音は、後の母音を強く長く、前の母音を弱く短く発音する。
　 中強型の複母音は、真ん中の母音を強く長く、両側の母音を弱く短く発音する。
② 複母音を発音する時には、aとiまたはiとaとoを別々にしないように、あくまでも一つの音として発音しなければならない。
③ ei, ie, üe, ueiの中のeは単母音eではなく、日本語の「エ」に近い音である。
④ （　）内のものは母音だけで音節を構成するときの表記である。
⑤ iou, ueiは前に子音がつく場合は、iu, uiと表記する。
⑥ üeは前に子音 j , q , xがつく場合は、ueと表記する。

三、子音（2）　g k h　j q x

1、舌根音（g , k , hの後に母音「e」つけて練習する。）

　　　g (e)：舌根を軟口蓋につけて「e」の構えにしながら息を抑えて発音する。

　　　k (e)：上と同じ要領で溜めた息を強く出して発音する。

　　　h (e)：上と同じ要領で喉の奥から軟口蓋に摩擦せさながら発音する。

2、舌面音（j , q , xの後に母音「i」つけて練習する。）

　　　j (i)：舌先を下の歯茎につけ、前舌面を硬口蓋に軽く当て、「i」の構えにして息を抑えて発音する。

　　　q(i)：上と同じ要領で息を強く出して発音する。

　　　x(i)：上と同じ要領で息を歯の間から漏らすようにして発音する。

Fāyīn

四、発音練習

āi	ái	ǎi	ài	ēi	éi	ěi	èi
āo	áo	ǎo	ào	ōu	óu	ǒu	òu
yā	yá	yǎ	yà	yē	yé	yě	yè
yāo	yáo	yǎo	yào	yōu	yóu	yǒu	yòu
wā	wá	wǎ	wà	wō	wó	wǒ	wò
wāi	wái	wǎi	wài	wēi	wéi	wěi	wèi
yuē	yué	yuě	yuè				

```
g + ǎo  ⇒ gǎo        g + òu  ⇒ gòu
k + ǎo  ⇒ kǎo        k + òu  ⇒ kòu
h + ǎo  ⇒ hǎo        h + òu  ⇒ hòu

g + uā  ⇒ guā        g + uèi ⇒ guì
k + uā  ⇒ kuā        k + uèi ⇒ kuì
h + uā  ⇒ huā        h + uèi ⇒ huì

j + ǜ   ⇒ jù         j + iǒu ⇒ jiǔ
q + ǜ   ⇒ qù         q + ióu ⇒ qiú
x + ǜ   ⇒ xù         x + iōu ⇒ xiū
```

gā	gē	gǎi	gěi	gǔ	guò	guài
kā	kē	kǎi	kēi	kǔ	kuò	kuài
hā	hē	hǎi	hēi	hǔ	huò	huài

jǐ	jià	jiǎo	jié	jué	jiā	jiē
qǐ	qià	qiǎo	qié	quē	qiā	qiē
xǐ	xià	xiǎo	xié	xué	xiā	xiē

àihào　　（爱好／趣味）　　Ōu-Měi　（欧美／欧米）
jīxiè　　（机械／機械）　　kēxué　　（科学／科学）
gāokǎo　（高考／大学受験）　wàiguó　（外国／外国）
kāihuā　（开花／花が咲く）　xiàohua　（笑话／笑い話）
yāoqiú　（要求／要求する）　huíjiā　　（回家／家に帰る）

トレーニング発音（Ⅱ）

一、音声を聞いて、発音されたほうのピンイン記号に○印をつけなさい。

① { ài / èi }　② { yǎo / yǒu }　③ { wǒ / wǎ }　④ { wèi / wài }　⑤ { yǎ / yě }

⑥ { hǎo / gǎo / kǎo }　⑦ { kuì / huì / guì }　⑧ { guài / huài / kuài }　⑨ { xù / qù / jù }　⑩ { jiǔ / xiǔ / qiú }

二、音声を聞いて、発音された通りに声調記号をつけなさい。

① ai（爱）　② gao（高）　③ you（有）　④ jie（街）　⑤ xiao（笑）

⑥ hui（会）　⑦ kou（口）　⑧ yao（要）　⑨ yue（月）　⑩ jiu（酒）

三、音声を聞いて、発音された音節をピンイン記号で記しなさい。

①　　　②　　　③　　　④　　　⑤

⑥　　　⑦　　　⑧　　　⑨　　　⑩

発音 (Ⅲ)

一、鼻母音（全16種）

(1) 前鼻音 (-n)（全8種）

| an | ian
(yan) | uan
(wan) | üan
(yuan) | en | in
(yin) | uen
(wen) | ün
(yun) |

(2) 後鼻音 (-ng)（全8種）

| ang | iang
(yang) | uang
(wang) | ong | eng | ing
(ying) | ueng
(weng) | iong
(yong) |

注意：
① 前鼻音の韻尾 -n は、日本語の「案内」の「アン」のように舌先を上の歯茎につけたまま鼻にかけて発音する。後鼻音の韻尾 -ng は、「漫画」の「マン」のように舌を低位にのばしたまま鼻にかけて発音する。
② ian は「イアン」ではなく、「イエン」と発音する。
③ uen は子音とあわせる場合 un と表記する。
④ ( ) 内のものは母音だけで音節を構成するときの表記である。
⑤ üan, ün の前に子音 j, q, x がつく場合は、uan, un と表記する。

二、子音（3） zh ch sh r z c s

1、そり舌音 (zh, ch, sh, r の後に特殊な母音「 i 」をつけて練習する。)

　　zh(i)：上下の前歯は軽くつけ、舌に力を入れずに舌先をそらして硬口蓋の前部につけ息を抑えて日本語の「チ」を言うつもりで発音する。

　　ch(i)：上と同じ要領で息を強く出して発音する。

　　sh(i)：上下の前歯は軽くつけ、舌に力を入れずに舌先をそらして硬口蓋の前部に近づけておき、その隙間から息を出して発音する。

　　r(i)：上と同じ要領で日本語の「リ」を言うつもりで発音する。

2、舌歯音（z，c，sの後に特殊な母音「i」をつけて練習する。）

    z (i)：舌先を下の前歯の裏側につけて息を抑えて発音する。

    c (i)：上と同じ要領で息を強く出して発音する。

    s (i)：舌先を下の前歯の裏側に近づけて息を出して発音する。

三、発音練習

ān	án	ǎn	àn	āng	áng	ǎng	àng
ēn	én	ěn	èn	ēng	éng	ěng	èng
yīn	yín	yǐn	yìn	yīng	yíng	yǐng	yìng
yān	yán	yǎn	yàn	yāng	yáng	yǎng	yàng
wān	wán	wǎn	wàn	wāng	wáng	wǎng	wàng
wēn	wén	wěn	wèn	wēng	wéng	wěng	wèng
yuān	yuán	yuǎn	yuàn	yōng	yóng	yǒng	yòng
yūn	yún	yǔn	yùn				

zhī	zhí	zhǐ	zhì	zī	zí	zǐ	zì
chī	chí	chǐ	chì	cī	cí	cǐ	cì
shī	shí	shǐ	shì	sī	sí	sǐ	sì
rī	rí	rǐ	rì				

zh	+	è	⇒	zhè	z	+	è	⇒	zè
ch	+	è	⇒	chè	c	+	è	⇒	cè
sh	+	è	⇒	shè	s	+	è	⇒	sè
r	+	è	⇒	rè					

14   Fāyīn

zh + àn ⇒ zhàn   z + àn ⇒ zàn
ch + àng ⇒ chàng   c + āng ⇒ cāng
sh + uěn ⇒ shǔn   s + uěn ⇒ sǔn
r + uì ⇒ ruì

zhā	zhǎo	zhōu	zhēn	zhǎng	zhōng
zhǔ	zhuā	zhuō	zhuī	zhuān	zhuàng
chá	chǎo	chóu	chǎn	chōng	chéng
chū	chuō	chuān	chūn	chuí	chuàng
shā	shài	shéi	shǒu	shān	shěn
shū	shuō	shuài	shuǐ	shàng	shēng
ròu	rán	rén	ràng	ruǎn	róng
zā	zài	zǎo	zǒu	zǒng	zūn
cā	cài	cǎo	cóng	cuàn	cūn
sǎ	sài	sǎo	sōng	suàn	sūn

ānquán　（安全／安全である）　　fángjiān　（房间／部屋）
yǐngyuàn　（影院／映画館）　　yīnyuè　（音乐／音楽）
shēngcí　（生词／新出単語）　　chuánzhēn　（传真／ファクシミリ）
dōngfāng　（东方／東方）　　zhèngdiǎn　（正点／定刻）
píngděng　（平等／平等である）　　rènzhēn　（认真／まじめである）
shòusī　（寿司／寿司）　　cúnzài　（存在／存在する）

トレーニング発音（Ⅲ）

一、音声を聞いて、発音されたほうのピンイン記号に○印をつけなさい。

① { tán / táng }　② { fēn / fēng }　③ { lín / líng }　④ { guān / guāng }　⑤ { jùn / juàn }

⑥ { zā / cā / sā }　⑦ { ruì / zuì / suì }　⑧ { chuàn / shuàn / zhuàn }　⑨ { zhōu / shōu / chōu }　⑩ { rú / sú / zhú }

二、音声を聞いて、発音された通りに声調記号をつけなさい。

① en（恩）　② yan（言）　③ yun（云）　④ ying（影）　⑤ chun（春）

⑥ wan（完）　⑦ dong（冬）　⑧ shan（山）　⑨ zhao（照）　⑩ song（送）

三、音声を聞いて、発音された音節をピンイン記号で記しなさい。

①　　　②　　　③　　　④　　　⑤

⑥　　　⑦　　　⑧　　　⑨　　　⑩

発音（Ⅳ）

一、軽声

軽声は普通の音節より軽く短く発音する。以下の場合においては、軽声で読む。

全ての助詞	好啊	hǎo a	いいよ
	是吗	shì ma	そうですか
家族の呼び名（後の文字）	爸爸	bàba	お父さん
	妈妈	māma	お母さん
一部の接尾語	椅子	yǐzi	椅子
	木头	mùtou	木
重ねた動詞の後の文字	说说	shuōshuo	話してみる
	读读	dúdu	読んでみる
多くの二音節の単純語（後の文字）	葡萄	pútao	葡萄
	萝卜	luóbo	大根
習慣的に軽声で読む言葉	商量	shāngliang	相談する
	明白	míngbai	分かる

二、r 化音

r 化音は、そり舌母音 er がほかの母音の後について、その母音をそり舌母音化させたものである。

母音・韻尾	r 化	表　記
母音・韻尾が a, o, e, i, u, ü の場合	そのまま r 化	花儿 (huār　花) 活儿 (huór　仕事) 歌儿 (gēr　歌) 猴儿 (hóur　猿) 玩艺儿 (wányìr　おもちゃ) 毛驴儿 (máolǘr　ロバ)
韻尾が n , ng の場合	発音するときは「n , ng」を脱落させて r 化	一份儿 (yífènr　一部の) 眼镜儿 (yǎnjìngr　メガネ)
zhi, chi, shi, ri, zi, ci, si の場合	発音するときは「i」を脱落させて r 化	事儿 (shìr　用事) 字儿 (zìr　文字)

発音篇

三、変調

1、「一」の変調

1) 「一」は第1声であるが、第1, 2, 3声の音節の前では第4声に変わる。

  一天　yī tiān　⇒　yì tiān（一日）
  一年　yī nián　⇒　yì nián（一年）
  一宿　yī xiǔ　⇒　yì xiǔ（一晩）

2) 「一」は第4声の前では第2声に変わる。

  一夜　yī yè　⇒　yí yè（一夜）

3) 「一」は重ねた動詞の間に用いると、軽声に変わる。

  尝一尝 chángyīchang　⇒　chángyichang（ちょっと味見する）

4) 「一」は序数に用いる場合には第1声のままである。

  第一　dìyī　　　一月一号　yīyuè yīhào

  注意：「一」は電話番号やホテルの部屋番号に用いる場合には、yāo と発音する。

2、「不」の変調

1) 「不」は第4声であるが、第4声の音節の前では第2声に変わる。

  不谢　bù xiè　⇒　bú xiè（どういたしまして）
  不对　bù duì　⇒　bú duì（正しくない）

2) 「不」は可能補語（73頁を参照）や反復疑問文（30頁を参照）に用いると、軽声に変わる。

  吃不下 chībùxià　⇒　chībuxià（食べられない）
  去不去 qù bù qù　⇒　qù bu qù（行くかどうか）

3、「第3声」の変調

1）第3声が二つ続く場合、前の第3声が第2声に変わる。

你好　nǐ hǎo　⇒　ní hǎo　（こんにちは）
水果　shuǐguǒ　⇒　shuíguǒ（果物）

2）第1, 2, 4, または軽声の前にある第3声は、低く抑えたまま次の音へ続く。

好吃　hǎochī　　（美味しい）
好闻　hǎowén　　（匂いがよい）
好看　hǎokàn　　（美しい）
好的　hǎode　　（よろしい）

四、声調記号の付け方

1）a＞o・e＞i・u・üの順で主要母音の上に付ける。

○ hǎo　yǒu　bèi　　× haǒ　yoǔ　beì

2）iu または ui の場合は後ろにある u か i の上に付ける。

○ qiú　huì　　× qíu　hùi

3）i の上に付けるとき、その上の・をなくして付ける。

○ nǐ　nín　　× nǐ　nín

4）ü と j, q, x を合わせる場合はその上の¨をなくしてつけるが、
l, n と合わせる場合は¨をなくさずにつける。

○ jǔ　qù　xù　　× jǔ　qù　xù
○ lǜ　nǚ　　× lù　nǔ

発音篇

五、発音練習

1、二音節の言葉の練習

xīngqī	gōngyuán	qiānbǐ	chāoshì
星期	公園	铅笔	超市
máoyī	xuéxí	cídiǎn	liúlì
毛衣	学习	词典	流利
lǎoshī	jiǎnchá	yǔsǎn	gǎnmào
老师	检查	雨伞	感冒
diànchē	wàiguó	shàngwǔ	jiàoshì
电车	外国	上午	教室

2、人称代名詞

	単　　数	複　　数
第一人称	我 wǒ 私	我们 wǒmen 私たち 咱们 zánmen 私たち
第二人称	你 nǐ あなた 您 nín あなた	你们 nǐmen あなたたち
第三人称	他 tā 彼 她 tā 彼女 它 tā それ あれ	他们 tāmen 彼ら 她们 tāmen 彼女たち 它们 tāmen それら あれら

3、指示代名詞

		これ	それ・あれ	どれ
もの	単数	这 zhè zhèi 这个 zhège zhèige	那 nà nèi 那个 nàge nèige	哪 nǎ něi 哪个 nǎge něige
	複数	这些 zhèxiē zhèixiē	那些 nàxiē nèixiē	哪些 nǎxiē něixiē
場所		这儿 zhèr 这里 zhèli	那儿 nàr 那里 nàli	哪儿 nǎr 哪里 nǎli

トレーニング発音（Ⅳ）

一、軽声、r化音、変調に気をつけて、次のことばを発音しなさい。

① yéye（爷爷 / お祖父ちゃん）　② nǎinai（奶奶 / お祖母ちゃん）
③ zhuōzi（桌子 / 机）　　　　　④ zhěntou（枕头 / まくら）
⑤ kànkan（看看 / 見てみる）　　⑥ tīngting（听听 / 聴いてみる）
⑦ dàifu（大夫 / お医者さん）　　⑧ hùshi（护士 / 看護婦）
⑨ zǒu ba（走吧 / 行きましょう）　⑩ qù ma（去吗 / 行きますか）
⑪ xiǎoháir（小孩儿 / 子供）　　⑫ huàr（画儿 / 絵）
⑬ shuǐjiǎo（水饺 / 水餃子）　　⑭ yǔsǎn（雨伞 / 雨傘）
⑮ yìqǐ（一起 / 一緒に）　　　　⑯ bú qù（不去 / 行かない）

二、音声を聞いて、発音されたほうのピンイン記号に○印をつけなさい。

① { qìchē 汽车 / qí chē 骑车 }　② { yínháng 银行 / yǐnháng 引航 }　③ { yōujū 幽居 / yóujú 邮局 }

④ { dàxuě 大雪 / dàxué 大学 }　⑤ { chídào 迟到 / zhīdao 知道 }　⑥ { zǎofàn 早饭 / chǎofàn 炒饭 }

三、音声を聞いて、発音された通りに声調記号を付けなさい。

① yi bei　② yi nian　③ yi qi　④ yi ban　⑤ yi yue
　一 杯　　一 年　　　一 起　　一 半　　一 月

⑥ bu duo　⑦ bu tong　⑧ bu hao　⑨ bu shi　⑩ bu dui
　不 多　　不 同　　　不 好　　不 是　　不 对

会話篇

[目標]
①各課の新しい言葉を基本語彙として覚える。
②全15課の本文を自然と口から出るまで音読する。
③各課の文法事項を十分に理解する。
④各課で練習する文型を繰り返し練習して応用する。

品詞名表示一覧

略号	中国語	ピンイン	日本語
名	名词	míngcí	名詞
代	代词	dàicí	代名詞
动	动词	dòngcí	動詞
助动	助动词	zhùdòngcí	助動詞
形	形容词	xíngróngcí	形容詞
数	数词	shùcí	数詞
量	量词	liàngcí	助数詞
副	副词	fùcí	副詞
介	介词	jiècí	前置詞
连	连词	liáncí	接続詞
助	助词	zhùcí	助詞
叹	叹词	tàncí	間投詞
组	词组	cízǔ	連語

音声データのＵＲＬ：https://kyoyo-chinese.net/

Dì yī kè

Nǐ jiào shénme míngzi?

A : Nín guìxìng?

B : Wǒ xìng Xiǎolín.

A : Nǐ jiào shénme míngzi?

B : Wǒ jiào Xiǎolín Měijiā. Nín ne?

A : Wǒ jiào Wáng Gāng.

B : Chūcì jiànmiàn, qǐng duō guānzhào.

A : Nǎli, nǎli! Qǐng nín duō duō guānzhào.

<新しいことば>

①	您	代	nín	あなた
②	贵姓	名	guìxìng	お名前、ご芳名
③	我	代	wǒ	わたし
④	姓	动	xìng	姓は…である
⑤	叫	动	jiào	（名前は）…という
⑥	你	代	nǐ	あなた
⑦	什么	代	shénme	なに
⑧	名字	名	míngzi	名前
⑨	呢	助	ne	疑問などの語気を表す
⑩	初次	名	chūcì	初めて
⑪	见面	动	jiàn//miàn	会う
⑫	请	动	qǐng	…ください
⑬	多	形	duō	多い、たくさんである
⑭	关照	动	guānzhào	世話をする
⑮	哪里	代	nǎli	どこ、どういたしまして

第1课

你叫什么名字？

A：您贵姓？
B：我姓小林。
A：你叫什么名字？
B：我叫小林美佳。您呢？
A：我叫王刚。
B：初次见面，请多关照。
A：哪里，哪里！请您多多关照。

第1課　お名前はなんとおっしゃいますか

A：ご名字はなんとおっしゃいますか。
B：小林と申します。
A：お名前はなんとおっしゃいますか。
B：小林美佳と申します。あなたは（なんとおっしゃいますか）。
A：王剛と申します。
B：初めまして、どうぞよろしくお願いします。
A：こちらこそ。どうぞよろしくお願いします。

異文化の窓

中国には黄河 Huánghé と長江 Chángjiāng という2本の長い河があり、それぞれ黄河文明と長江文明を育んで、更に2つの文明の相互影響、融合によって中華文明が形成されています。では、黄河と長江はどちらが長いでしょうか。

ポイント

▶ 一、名前の尋ね方と答え方

①您 贵姓?	お名前は?
―我 姓 小林。	―私は 小林と 申します。
②你 叫 什么 名字?	あなたの 名前は なんと いいますか?
―我 叫 小林美佳。	―私は 小林美佳と 申します。

　初対面の人、特に女性に名前を尋ねる場合は、上の例①の"您贵姓?"を使う方が無難である。例文の"姓"は動詞で「…を姓とする」という意味であり、"贵"は相手に対して尊敬の意を表す言葉である。答え方は"我姓小林。"のように"贵"の字は使わない。なお、若い世代の間ではむしろ例②の尋ね方が多用される。"叫"は動詞で、「…という名前である」という意味である。"你叫什么名字?"で尋ねられたときは、"我叫小林美佳。"のようにフルネームで答えなければならない。

▶ 二、動詞述語文

| 我 叫 王刚。 | 私は 王剛と 申します。 |

　日本語と違って動詞が取る目的語は動詞の後に置き、動詞を否定する言葉"不"や"没"は動詞の前に置く。

1　我姓黄，不姓王。　　　　Wǒ xìng Huáng, bú xìng Wáng.
2　小林没来学校。　　　　　Xiǎolín méi lái xuéxiào.

三、疑問詞疑問文

| 你 叫 什么 名字？ | あなたの 名前は なんと いいますか？ |

例文の"什么"は「なに」という意味の疑問詞である。疑問詞を使った文は疑問文となるのが普通で、これを疑問詞疑問文と呼ぶ。疑問詞疑問文の文末には"吗"をつけてはならない。答え方としては疑問詞の問いについて具体的に答えなければならない。

1 谁叫铃木阳太？　　　　　Shuí jiào Língmù Yángtài？
 —我叫铃木阳太。　　　　　— Wǒ jiào Língmù Yángtài.
2 你去哪儿？　　　　　　　Nǐ qù nǎr？
 —我去学校。　　　　　　　— Wǒ qù xuéxiào.

四、語気助詞"呢"を用いた疑問文（省略疑問文）

| 我 叫 小林美佳，你 呢？ | 私は 小林美佳と 申しますが、あなたは？ |

例文の"你呢？"の完全な表現は"你叫什么名字呢？"になるべきであるが、前文の"我叫××"という前提があるので、"叫什么名字"の部分を省略できる。つまり何について問うているかが分かる場合は、"主語＋呢？"の形で疑問を表すことができる。ただし、答えるときは具体的に答えなければならない。

1 我喝茶，你呢？　　　　　Wǒ hē chá, nǐ ne？
 —我喝咖啡。　　　　　　　— Wǒ hē kāfēi.
2 我去，你呢？　　　　　　Wǒ qù, nǐ ne？
 —我不去。　　　　　　　　— Wǒ bú qù

トレーニング

■□ 一、文型練習

1. A：您贵姓？
   B：我姓<u>小林</u>。

   铃木　Língmù
   山崎　Shānqí
   李　　Lǐ
   王　　Wáng

2. A：你叫什么名字？
   B：我叫<u>小林美佳</u>。

   铃木阳太　　Língmù Yángtài
   山崎大辉　　Shānqí Dàhuī
   李东升　　　Lǐ Dōngshēng
   王小强　　　Wáng Xiǎoqiáng

第1课

■□　二、音声を聞きながらピンインを漢字に、漢字をピンインに直しなさい。

1　wǒ　　（　　　）　6　初次　（　　　　　）

2　nǐ　　（　　　）　7　贵姓　（　　　　　）

3　nín　　（　　　）　8　什么　（　　　　　）

4　jiào　（　　　）　9　名字　（　　　　　）

5　qǐng　（　　　）　10　哪里　（　　　　　）

■□　三、次の文の空欄に最も適切な言葉を入れて、文を完成させなさい。

1　我（　）铃木。　　　　（1 姓　　　2 叫）

2　你（　）什么名字？　（1 叫　　　2 姓）

3　我叫（　　　）。　　　（1 山崎 大辉　2 铃木）

4　你去（　　　）？　　　（1 什么　　2 哪儿）

■□　四、日本語を参考に、次の言葉を並べ替えて、正しい文を作りなさい。

1　お名前はなんとおっしゃいますか。
　　［ 名字　叫　什么　你 ］

2　わたしは小林美佳と申します。あなたは？
　　［ 小林美佳　叫　我　呢　你 ］

3　初めまして、どうぞよろしくお願いします。
　　［ 见面　初次　关照　多　请 ］

4　小林さんは学校に来ていない。
　　［ 小林　学校　来　没 ］

2 Dì èr kè

Nǐ shì Rìběnrén ma？

A：Nǐ shì Rìběnrén ma？

B：Shì de．Wǒ shì Rìběnrén．

A：Tā shì bu shì Rìběnrén？

B：Tā yě shì Rìběnrén, wǒmen dōu shì Rìběnrén．

A：Zhè shì shénme？

B：Zhè shì 《 Zhōng-Rì Cídiǎn 》．

A：Shì nǐ de ma？

B：Bú shì wǒ de, shì Língmù de．

<新しいことば>

①	是	动	shì	…だ、(肯定の応答) はい
②	日本人	名	Rìběnrén	日本人
③	吗	助	ma	(疑問を表す) …か
④	的	助	de	(肯定の語気を表す)
⑤	她	代	tā	彼女
⑥	也	副	yě	…も
⑦	我们	代	wǒmen	私たち
⑧	都	副	dōu	みな
⑨	这	代	zhè	これ、この
⑩	中日词典	名	Zhōng-Rì Cídiǎn	中日辞典
⑪	的	助	de	(名詞のかわりにする) の
⑫	不	副	bù	いいえ、しない、ではない

第 2 课

你是日本人吗？

A：你是日本人吗？
B：是的。我是日本人。
A：她是不是日本人？
B：她也是日本人，我们都是日本人。

A：这是什么？
B：这是《中日词典》。
A：是你的吗？
B：不是我的，是铃木的。

第2課　あなたは日本人ですか

A：あなたは日本人ですか。
B：はい。わたしは日本人です。
A：彼女は日本人ですか。
B：彼女も日本人です。わたしたちはみな日本人です。

A：これは何ですか。
B：これは『中日辞典』です。
A：あなたのですか。
B：わたしのではなく、鈴木さんのです。

異文化の窓

中国では、南方の人が北方に行くと、"我是南方人。Wǒ shì nánfāngrén."と自己紹介します。逆に、北方の人は"我是北方人。Wǒ shì běifāngrén."といいます。では、南方と北方の境は何だと思いますか。

第二課 Dì èr kè

ポイント

▶ 一、"是"を使う名詞文（判断文）　Aは（が）Bだ。

> 我　是　日本人。
> 私は　日本人です。

☞ "是"を使わない名詞文　p.36　一
☞ 強調の"是"　p.42　二

"是"は判断動詞と呼ばれ、AとBの間に置き、Aについての判断や説明を表す。否定の表現には、"是"の直前に"不"を用い、"没"を用いてはならない。

1　我是日本人。　　　　Wǒ shì Rìběnrén.
2　我不是日本人。　　　Wǒ bú shì Rìběnrén.

▶ 二、一般疑問文 "…吗？"　…（です）か。

> 你　是　日本人　吗？
> あなたは　日本人ですか。

☞ 疑問詞疑問文　p.25　三
☞ 反復疑問文　p.30　三
☞ 選択疑問文　p.66　二

平叙文の文末に"吗？"をつければ、一般疑問文になる。文末のところを上げ調子で読む。答え方にはふつう肯定と否定の二種類がある。単独で"是"または"不是"を用いて答えてもよい。

你是中国人吗？　　　　　　Nǐ shì Zhōngguórén ma？
（肯定）：是的。我是中国人。　Shì de．Wǒ shì Zhōngguórén．
（否定）：不。我不是中国人。　Bù．Wǒ bú shì Zhōngguórén．

▶ 三、反復疑問文"是不是"　…であるかどうか。

> 他　是　不　是　日本人？
> 彼は　日本人ですか（ではありませんか）。

☞ 一般疑問文　p.30　二
☞ 疑問詞疑問文　p.25　三
☞ 選択疑問文　p.66　二

動詞と形容詞の肯定形と否定形を続けて並べると、反復疑問を表す疑問文になる。反復疑問文の文末にも"吗"をつけてはならない。ここでは、肯定の"是"と否定の"不是"を並べた形で「であるかどうか」という反復疑問を表す。答え方としては、肯定と否定の2種類がある。ただし、一般疑問文の答え方と違って、"是"または"不"だけで答えることはできず、必ず明確に答えなければならない。

她是不是留学生？	Tā shì bu shì liúxuéshēng？
（肯定）：她是留学生。	Tā shì liúxuéshēng．
（否定）：她不是留学生。	Tā bú shì liúxuéshēng．

▶ 四、副詞"也"と"都"

她也是留学生。	彼女も　留学生です。
我们都是留学生。	私たちは　みな　留学生です。

副詞"也"は同類の追加を表し、日本語の「も」に相当する。"都"はすべての人や物を表し、日本語の「みな」と同じである。副詞は基本的に述語の直前に置く。

1 我也是大学生。　　　　　　Wǒ yě shì dàxuéshēng．
2 他们都是大学生。　　　　　Tāmen dōu shì dàxuéshēng．
3 你们也都是大学生吗？　　　Nǐmen yě dōu shì dàxuéshēng ma？

▶ 五、助詞"的"

助詞"的"は意味や使い方で日本語の「の」に似ている点が多い。本課では"…的"の形で人や物をさす名詞の代わりをする。文法機能としては目的語（例1）にも主語（例2）にもなることができる。

1 这本词典是你的吗？　　　　　Zhè běn cídiǎn shì nǐ de ma？
2 我的是这本，你的是那本。　　Wǒ de shì zhè běn, nǐ de shì nà běn．

トレーニング

■□ 一、文型練習

1. A：你是<u>日本人</u>吗？
   B：是的。我是<u>日本人</u>。
   B：不。我不是<u>日本人</u>。

   中国人　Zhōngguórén
   美国人　Měiguórén
   英国人　Yīngguórén
   法国人　Fǎguórén
   德国人　Déguórén

2. A：她是不是<u>日本人</u>？
   B：她也是<u>日本人</u>，我们都是<u>日本人</u>。

   京都人　Jīngdūrén
   大阪人　Dàbǎnrén
   北方人　běifāngrén
   南方人　nánfāngrén

3. A：这是什么？
   B：这是<u>词典</u>。
   A：这是谁的<u>词典</u>？
   B：是我的。

   课本　kèběn
   杂志　zázhì
   铅笔　qiānbǐ
   电脑　diànnǎo
   手机　shǒujī

第 2 课

■□ 二、音声を聞きながらピンインを漢字に、漢字をピンインに直しなさい。

1　yě　　　（　　　）　　6　课本　（　　　　）

2　dōu　　（　　　）　　7　杂志　（　　　　）

3　bù　　 （　　　）　　8　铅笔　（　　　　）

4　zhè　　（　　　）　　9　电脑　（　　　　）

5　shénme（　　　）　　10　词典（　　　　）

■□ 三、次の文の空欄に最も適切な言葉を入れて、文を完成させなさい。

1　你是日本人（　）？　　（1 呢　　2 吗　）

2　她（　）中国人？　　　（1 是　　2 是不是）

3　你（　）是美国人吗？　（1 都　　2 也　）

4　我们（　）是英国人。　（1 都　　2 也　）

■□ 四、日本語を参考に、次の言葉を並べ替えて、正しい文を作りなさい。

1　あなたは日本人ですか。
　［ 日本人　是　你　吗 ］

2　彼女も中国人ですか。
　［ 也　她　中国人　是　吗 ］

3　これは誰のテキストですか。
　［ 谁　这　的　是　课本 ］

4　これはわたしのではなく、小林さんのです。
　［ 这　我的　是　不　小林　的　是 ］

3 Dì sān kè

Jīntiān jǐ hào ?

A : Jīntiān jǐ hào ?

B : Wǔ hào .

A : Jīntiān xīngqī jǐ ?

B : Xīngqīyī .

A : Xiànzài jǐ diǎn ?

B : Shí diǎn yí kè .

A : Jǐ diǎn ? Shì shí diǎn bàn ma ?

B : Bú shì shí diǎn bàn, shì shí diǎn yí kè .

<新しいことば>

①	今天	名	jīntiān	今日
②	几	代	jǐ	いくつ
③	号	名	hào	日にち
④	五号	名	wǔhào	五日
⑤	星期	名	xīngqī	曜日
⑥	星期一	名	xīngqīyī	月曜日
⑦	现在	名	xiànzài	現在、今
⑧	点	名	diǎn	（時刻を表す）時
⑨	十	数	shí	十
⑩	刻	名	kè	15分
⑪	半	数	bàn	半

今天几号？

A：今天几号？
B：五号。
A：今天星期几？
B：星期一。
A：现在几点？
B：十点一刻。
A：几点？是十点半吗？
B：不是十点半，是十点一刻。

第3課　今日は何日ですか

A：今日は何日ですか。
B：5日です。
A：今日は何曜日ですか。
B：月曜日です。
A：今は何時ですか。
B：10時15分です。
A：何時ですか。10時半ですか。
B：10時半ではなく、10時15分です。

異文化の窓

中国人は奇数よりも偶数のほうが好きです。ただ "4 sì" は "死 sǐ" の発音と近いので嫌われます。最も好かれる数は "8 bā" で、"发展 fāzhǎn" の "发" の発音と近いので、金持ちになる意味が含まれているからです。では、北京オリンピックの開幕日はいつでしたでしょうか。

ポイント

▶ 一、"是"を使わない名詞文

> 今天 几号?
> 今日は 何日ですか。

☞ "是"を使う名詞文 p.30 一
☞ 強調の "是" p.42 二

年月日・時刻・年齢などの名詞は述語として使われるときは、それと主語の間に判断動詞 "是" を用いる必要がない。"是" を用いると、「確かに……です」という強調や確認などの意味を表す (例3)。ただし、否定文の場合は、"是" を用いなければならない (例3)。

1 今天几月几号?　　　　　Jīntiān jǐ yuè jǐ hào ?
2 我二十岁。　　　　　　　Wǒ èrshí suì .
3 今天是星期四，不是星期五。　Jīntiān shì xīngqīsì, bú shì xīngqīwǔ .

▶ 二、数の言い方

líng	yī	èr	sān	sì	wǔ	liù	qī	bā	jiǔ	shí
〇	一	二	三	四	五	六	七	八	九	十

bǎi	qiān	wàn	yì	zhào
百	千	万	亿	兆

▶ 三、年の言い方 (年 nián)

yī jiǔ bā bā nián	èr líng líng bā nián	èr líng èr líng nián	èr líng wǔ líng nián
一九八八年	二〇〇八年	二〇二〇年	二〇五〇年

qiánnián	qùnián	jīnnián	míngnián	hòunián
前年	去年	今年	明年	后年

yì nián	liǎng nián	sān nián	shí nián	yì bǎi nián	yì qiān nián
一年	两年	三年	十年	一百年	一千年

▶ 四、月の言い方 (月 yuè)

yīyuè	èryuè	sānyuè	sìyuè	wǔyuè	liùyuè
一月	二月	三月	四月	五月	六月
qīyuè	bāyuè	jiǔyuè	shíyuè	shíyīyuè	shí'èryuè
七月	八月	九月	十月	十一月	十二月

yí ge yuè	liǎng ge yuè	sān ge yuè	sì ge yuè	wǔ ge yuè	liù ge yuè
一个月	两个月	三个月	四个月	五个月	六个月
qī ge yuè	bā ge yuè	jiǔ ge yuè	shàngyuè	běnyuè	xiàyuè
七个月	八个月	九个月	上月	本月	下月

▶ 五、日の言い方 (号 hào 日 rì 天 tiān)

yī hào	èr hào	sān hào	sì hào	wǔ hào	liù hào
一号	二号	三号	四号	五号	六号
qī hào	bā hào	jiǔ hào	shí hào	èrshí hào	sānshiyī hào
七号	八号	九号	十号	二十号	三十一号
yì tiān	liǎng tiān	sān tiān	sì tiān	wǔ tiān	liù tiān
一天	两天	三天	四天	五天	六天
qī tiān	bā tiān	jiǔ tiān	shí tiān	sānshí tiān	sānbǎi liùshiwǔ tiān
七天	八天	九天	十天	三十天	三百六十五天
dàqiántiān	qiántiān	zuótiān	jīntiān	míngtiān	hòutiān	dàhòutiān
大前天	前天	昨天	今天	明天	后天	大后天

▶ 六、時の言い方 (点 diǎn 分 fēn 刻 kè 半 bàn 小时 xiǎoshí)

yī diǎn líng wǔ fēn	liǎng diǎn yí kè	sān diǎn bàn	sì diǎn sān kè
一点零五分	两点一刻	三点半	四点三刻
1：05	2：15	3：30	4：45
wǔ diǎn shí fēn	liù diǎn èrshí fēn	qī diǎn sìshí fēn	bā diǎn zhěng
五点十分	六点二十分	七点四十分	八点整
5：10	6：20	7：40	8：00
yí ge xiǎoshí	liǎng ge xiǎoshí	sān ge xiǎoshí	sì ge xiǎoshí
一个小时	两个小时	三个小时	四个小时
yì xiǎoshí líng wǔ fēn	sān ge bàn xiǎoshí	wǔ ge duō xiǎoshí	
一小时零五分	三个半小时	五个多小时	

▶ 七、曜日・週の言い方 (星期 xīngqī 礼拜 lǐbài)

星期一	星期五	上星期	一个星期
星期二	星期六	这星期	两个星期
星期三	星期日	下星期	三个星期
星期四	星期天		

トレーニング

■□ 一、文型練習

1. A：今天几号？
   B：今天<u>五号</u>。

六号	liù hào
十号	shí hào
十五号	shíwǔ hào
二十三号	èrshisān hào
三十一号	sānshiyī hào

2. A：今天星期几？
   B：今天<u>星期四</u>。

星期一	xīngqīyī
星期二	xīngqī'èr
星期三	xīngqīsān
星期六	xīngqīliù
星期天	xīngqītiān

3. A：现在几点？
   B：现在<u>十点一刻</u>。

八点零五分	bā diǎn líng jiǔ fēn
九点十分	jiǔ diǎn shí fēn
十点半	shí diǎn bàn
十一点三刻	shíyī diǎn sān kè
十二点整	shí'èr diǎn zhěng

第 3 课

■□ 二、音声を聞きながらピンインを漢字に、漢字をピンインに直しなさい。

1　jīntiān　（　　　　）　6　点　（　　　　　　）

2　jǐ hào　（　　　　）　7　月　（　　　　　　）

3　xīngqī　（　　　　）　8　分　（　　　　　　）

4　xiànzài　（　　　　）　9　刻　（　　　　　　）

5　xiǎoshí　（　　　　）　10　半　（　　　　　　）

■□ 三、次の文の空欄に最も適切な言葉を入れて、文を完成させなさい。

1　A：今天几号?
　　B：（　　　　）。　　（1 星期日　2 八号　3 十五天）

2　A：今天星期几?
　　B：（　　　　）。　　（1 一星期　2 星期七　3 星期一）

3　A：现在几点?
　　B：（　　　　）。　　（1 十二点五分　2 一点零五分）

■□ 四、日本語を参考に、次の言葉を並べ替えて、正しい文を作りなさい。

1　今日は何月何日ですか。
　　［ 月　几　几　号　今天 ］

2　今日は水曜日ではなく、木曜日です。
　　［ 今天　是　星期三　不　星期四　是 ］

3　そうです。今は12時半です。
　　［ 现在　是的　是　点　十二　半 ］

4　わたしの誕生日は4月10日で、10月4日ではありません。
　　［ 我　生日　是　四月　的　十号　十月　是　不　四号 ］

4 Dì sì kè

Zhè jiàn yīfu piàoliang ma ?

A : Zhè jiàn yīfu piàoliang ma ?

B : Bú tài piàoliang .

A : Zhè jiàn hǎo bu hǎo ?

B : Zhè jiàn shì hěn hǎo .

A : Mǎi yí jiàn ba ,zěnmeyàng ?

B : Yí jiàn duōshao qián ?

A : Sānbǎi wǔshí kuài .

B : Tài guì le ,wǒ bú yào .

<新しいことば>

① 件	量	jiàn	（上着や用件を数える）
② 衣服	名	yīfu	服
③ 漂亮	形	piàoliang	綺麗である
④ 不太	副	bú tài	あまり…ない
⑤ 好	形	hǎo	良い
⑥ 是	动	shì	確かに…だ
⑦ 很	副	hěn	とても
⑧ 买	动	mǎi	買う
⑨ 吧	助	ba	…でしょう、…ましょう
⑩ 怎么样	代	zěnmeyàng	どうですか
⑪ 多少	代	duōshao	いくら、どれほど
⑫ 钱	名	qián	金
⑬ 块	量	kuài	（人民元の単位）元
⑭ 太	副	tài	…すぎる、とても
⑮ 贵	形	guì	（値段が）たかい
⑯ 了	助	le	（肯定の語気を表す）
⑰ 要	动	yào	要る

第 4 课

这件衣服漂亮吗？

A：这件衣服漂亮吗？
B：不太漂亮。
A：这件好不好？
B：这件是很好。
A：买一件吧，怎么样？
B：一件多少钱？
A：三百五十块。
B：太贵了，我不要。

第4課　この服はきれいですか

A：この服はきれいですか。
B：あまりきれいではありません。
A：この服はいかがですか。
B：この服は確かによいです。
A：1枚買いませんか。
B：1枚いくらですか。
A：350元です。
B：高すぎます。私は要りません。

異文化の窓

中国では地域によってそれぞれ持ち味の料理があります。鲁菜 Lǔcài、川菜 Chuāncài、粤菜 Yuècài、闽菜 Mǐncài、苏菜 Sūcài、浙菜 Zhécài、湘菜 Xiāngcài、徽菜 Huīcài の八大菜系があります。では、マーボー豆腐は何菜系でしょうか。

ポイント

▶ 一、形容詞述語文

> 这件衣服很漂亮。
> この服は(とても)きれいです。

　形容詞述語の前には"是"を必要としない。平叙文の場合は形容詞述語の前によく副詞"很"を用いるが、これは必ずしも「とても」という意味ではなく、文の調子を整えるためである。比較や疑問の場合は述語の前に"很"を置かない(例1, 3)。否定の表現には形容詞の前に"不"を用いることが多い(例2)。なお、文末に"吗"をつければ一般疑問文になり(例3)、述語の形容詞を肯定否定の形にすれば反復疑問文になる(例4)。

1 这个大，那个小。　　　　Zhège dà, nàge xiǎo.
2 这个菜不好吃。　　　　　Zhège cài bù hǎo chī.
3 这件毛衣漂亮吗？　　　　Zhè jiàn máoyī piàoliang ma?
4 这个办法好不好？　　　　Zhège bànfǎ hǎo bu hǎo?

▶ 二、強調の"是"

> 这件是很好。
> この(服)は確かによいです。

☞判断を表す"是" p.30

　動詞"是"は判断の意味以外に形容詞や動詞の前に置いて「確かに…だ」という強調の意味を表すことができる。この場合、"是"を強く読む。

1 这条领带是很好看。　　　Zhè tiáo lǐngdài shì hěn hǎokàn.
2 他是说了。　　　　　　　Tā shì shuō le.

▶ 三、量詞(助数詞)

　量詞は数詞と一緒に用いて、数量詞の形で名詞の前に置いてそれを限定する。

1 件 jiàn　　一件衣服 yīfu　　　两件事儿 shìr
2 个 ge　　　一个人 rén　　　　两个西瓜 xīguā
3 只 zhī　　　一只手 shǒu　　　两只老虎 lǎohǔ
4 条 tiáo　　一条裤子 kùzi　　　两条大河 dàhé
5 张 zhāng　一张纸 zhǐ　　　　两张桌子 zhuōzi
6 节 jié　　　一节课 kè　　　　两节车厢 chēxiāng

四、副詞 "太" と "不太"

> ① 这件衣服不太漂亮。
> この服はあまりきれいではありません。
> ② 太贵了，我不要。
> 高すぎます。私は要りません。

副詞 "太" は主に形容詞の前に置き、程度が適度をこえていることや程度が高いことを表す。肯定の表現は普通 "太＋形容詞＋了" の形を取り、「あまりにも…すぎる」「とても」「すごく」という意味を表す (例1)。なお "不太＋形容詞" の形にすると、「あまり…でない」という意味で、否定の語気をやわらげる表現になる (例2)。

1 这个西瓜太大了。　　Zhège xīguā tài dà le.
2 这个面条不太好吃。　Zhège miàntiáo bú tài hǎochī.

五、語気助詞 "吧"

語気助詞 "吧" は、文末に置いて推測や提案・軽い命令などの語気を表す。

1 小林今天没来学校吧。　　Xiǎolín jīntiān méi lái xuéxiào ba.
2 我们一起去吃饭吧。　　　Wǒmen yìqǐ qù chī fàn ba.
3 时间不早了,快起床吧！　Shíjiān bù zǎo le, kuài qǐchuáng ba!

六、疑問代詞 "多少"

疑問代詞 "多少" は数量を問い、「いくら」「どれほど」という意味を表し、"duōshao" と発音する。

1 一件多少钱？　　Yí jiàn duōshao qián?
2 一共多少人？　　Yígòng duōshao rén?
3 多少学生？　　　Duōshao xuésheng?

七、中国の貨幣 (人民元) の言い方

1 (書き言葉) : 元(yuán)　角(jiǎo)　分(fēn)
2 (話し言葉) : 块(kuài)　毛(máo)　分(fēn)

1元(块) ＝ 10角(毛) ＝ 100分

1 十块九毛五(分)　10.95 元　　Shí kuài jiǔ máo wǔ(fēn).
2 五十八块六(毛)　58.60 元　　Wǔshibā kuài liù(máo).
3 一百三十块　　　130.00 元　　Yìbǎi sānshí kuài.

トレーニング

■□ 一、文型練習

1. A：这<u>件</u> <u>衣服</u><u>漂亮</u>吗？
   B：很漂亮。
   B：不太漂亮。

套 tào	西装 xīzhuāng
条 tiáo	领带 lǐngdài
副 fù	眼镜 yǎnjìng
块 kuài	手表 shǒubiǎo
双 shuāng	皮鞋 píxié

2. A：<u>这个西瓜</u> <u>大</u>不<u>大</u>？
   B：<u>这个西瓜</u>不<u>大</u>也不<u>小</u>。

她 tā	高 gāo	矮 ǎi
今天 jīntiān	热 rè	冷 lěng
行李 xíngli	重 zhòng	轻 qīng
东西 dōngxi	多 duō	少 shǎo
车站 chēzhàn	远 yuǎn	近 jìn

3. A：<u>音乐</u> <u>好听</u>不<u>好听</u>？
   B：太<u>好听</u>了。

电影 diànyǐng	好看 hǎokàn
烤鸭 kǎoyā	好吃 hǎochī
游戏 yóuxì	好玩儿 hǎowánr
香水 xiāngshuǐ	好闻 hǎowén
圆珠笔 yuánzhūbǐ	好使 hǎoshǐ

■□ 二、次の数量詞と名詞を適切に線で結びなさい。

一张	yì zhāng	·	·	西装	xīzhuāng
两只	liǎng zhī	·	·	人	rén
三套	sān tào	·	·	眼镜	yǎnjìng
四件	sì jiàn	·	·	课	kè
五节	wǔ jié	·	·	衣服	yīfu
六条	liù tiáo	·	·	手	shǒu
七副	qī fù	·	·	皮鞋	píxié
八双	bā shuāng	·	·	桌子	zhuōzi
九个	jiǔ ge	·	·	裤子	kùzi

■□ 三、次の文の空欄に最も適切な言葉を入れて、文を完成させなさい。

1 这（　）皮鞋漂亮吗？　　（1 副　　2 件　　3 双）

2 这套衣服（　　）贵了。　　（1 很　　2 太　　3 不）

3 请你买一件（　　）。　　（1 吗　　2 吧　　3 呢）

4 这条裤子（　　）？　　（1 好不好　　2 太贵了）

■□ 四、日本語を参考に、次の言葉を並べ替えて、正しい文を作りなさい。

1 このネクタイはきれいですか。
　［这　领带　条　不　漂亮　漂亮］

2 今日は寒くもなく、暑くもない。
　［今天　冷　也　不　热　不］

3 このスイカは確かにおいしいですね。
　［这　西瓜　个　好吃　是　很］

4 この革靴はいくらですか。
　［双　这　皮鞋　钱　多少］

5 Dì wǔ kè

Nǐ jiā yǒu jǐ kǒu rén？

A：Nǐ jiā yǒu jǐ kǒu rén？

B：Wǒ jiā yǒu sì kǒu rén．

A：Nǐ yǒu méiyǒu jiějie？

B：Wǒ méiyǒu jiějie, yǒu yí ge mèimei．

A：Nǐ zuótiān zài jiā ma？

B：Shàngwǔ zài jiā, xiàwǔ méi zài jiā．

A：Míngtiān zài bu zài jiā？

B：Míngtiān qù xuéxiào, bú zài jiā．

<新しいことば>

①	家	名	jiā	家
②	有	动	yǒu	有る、持つ
③	口	量	kǒu	（家族の総人数を数える）
④	姐姐	名	jiějie	姉
⑤	没（有）	动/副	méi(yǒu)	持っていない、ない、いない、まだ…していない、…しなかった
⑥	妹妹	名	mèimei	妹
⑦	昨天	名	zuótiān	昨日
⑧	在	动	zài	ある、いる
⑨	上午	名	shàngwǔ	午前
⑩	下午	名	xiàwǔ	午後
⑪	明天	名	míngtiān	明日
⑫	去	动	qù	行く

第 5 课　　47

你家有几口人？

A：你家有几口人？
B：我家有四口人。
A：你有没有姐姐？
B：我没有姐姐，有一个妹妹。

A：你昨天在家吗？
B：上午在家，下午没在家。
A：明天在不在家？
B：明天去学校，不在家。

第5課　あなたは何人家族ですか

A：あなたは何人家族ですか。
B：わたしは4人家族です。
A：あなたはお姉さんがいますか。
B：姉はいませんが、妹が1人います。

A：昨日あなたは家にいましたか。
B：午前は家にいましたが、午後はいませんでした。
A：明日は家にいますか。
B：明日は学校に行きますから、家にいません。

異文化の窓

2017年の時点で中国の人口は13.86億に達しているそうです。人口1000万を越えている超大都市は15あります。北京 Běijīng・上海 Shànghǎi・天津 Tiānjīn・重庆 Chóngqìng は中国における四つの直轄市です。では、人口が一番多いのはどの直轄市でしょうか。

ポイント

▶ 一、動詞"有" 所有を表す …を持つ

> 我家有四口人。
> 私の家は 4人家族です。

　動詞"有"が所有を表す場合、主語になる言葉は人または集団を意味する名詞である。上の例文の主語"我家"は集団を意味する名詞である。"有"の否定の表現はその直前に"没"を用い、"不"を用いてはならない(例2,4)。また"没"で否定した場合、名詞の前に数量詞を用いないことが多い(例2,4)。なお、文末に"吗"をつければ、一般疑問文になり(例3)、"有没有"の形で反復疑問文になる(例4)。

1　我有两个哥哥。　　　　　Wǒ yǒu liǎng ge gēge.
2　我没有妹妹。　　　　　　Wǒ méiyǒu mèimei.
3　你们大学有留学生吗？　　Nǐmen dàxué yǒu liúxuéshēng ma?
4　你有没有电脑？　　　　　Nǐ yǒu méiyǒu diànnǎo?

▶ 二、動詞"有" 存在を表す ある、いる

> ① 桌子上有两本书。
>   机の上に 本が 2冊 あります。
> ② 今天有一节课。
>   今日は 授業が 1コマ あります。

　動詞"有"は所有の意味以外に存在の意味もある。この場合、文頭に来る言葉は必ず場所名詞か時間名詞のいずれかである。上の例①の文頭の"桌子上"は場所名詞であり、例②の"今天"は時間名詞である。動詞"有"の後の名詞は日本語では主語として考えるが、中国語では目的語として考え、述語"有"の後に置く。例①の"书"と②の"课"は目的語で、"有"の後に置くのである。数量詞があれば、例①②の通り名詞の直前に置く。

1　学校附近有一个超市。　　Xuéxiào fùjìn yǒu yí ge chāoshì.
2　教室里没有人。　　　　　Jiàoshì li méiyǒu rén.
3　唐代有很多大诗人。　　　Tángdài yǒu hěn duō dà shīrén.
4　下午有没有课？　　　　　Xiàwǔ yǒu méiyǒu kè?

三、動詞"在" 存在を表す ある、いる

① 你昨天在家吗?
　あなたは 昨日 家に いましたか。
② 我的书在桌子上。
　私の 本は 机の上に あります。

☞前置詞の"在" p.55 四
☞副詞の"在" p.60 一

　"在"が存在の意味で動詞述語として用いられた場合、主語は必ず特定の物や人でなければならない。例文①の主語"你"はもちろん特定の"あなた"であるし、例②の主語"书"は一般の"书"ではなく"我的""书"である。"在"の後に来る言葉は必ず場所名詞でなければならない。例①②の"家"と"桌子上"はいずれも場所名詞である。さらに文末に"吗"をつければ、一般疑問文になり(例2)、"在不在"の形で反復疑問文になる(例5)。

　なお、"在"の否定の表現は"有"より複雑である。主語が物の場合、その前には"不"しか用いることができない(例3)。主語が人の場合、かつ過去形・現在形の文においてはその前には"不"も"没"も用いられるが(例4)、未然形の文においては"不"を用いなければならない(例6)。

1　我的词典在家里。　　　　　Wǒ de cídiǎn zài jiāli.
2　田中同学在图书馆吗？　　　Tiánzhōng tóngxué zài túshūguǎn ma？
3　我们的教室不在二楼。　　　Wǒmen de jiàoshì bú zài èr lóu.
4　我昨天不（没）在家。　　　Wǒ zuótiān bú(méi) zài jiā.
5　你明天在不在家？　　　　　Nǐ míngtiān zài bu zài jiā？
6　我明天不在家。　　　　　　Wǒ míngtiān bú zài jiā.

Dì wǔ kè

トレーニング

■□ 一、文型練習

1. A：你家有几口人？
   B：我家有<u>五口人</u>。

三口人	sān kǒu rén
四口人	sì kǒu rén
六口人	liù kǒu rén
八口人	bā kǒu rén
十口人	shí kǒu rén

2. A：你有没有<u>姐姐</u>？
   B：我有一个<u>姐姐</u>。
   B：我没有<u>姐姐</u>。

哥哥	gēge
妹妹	mèimei
弟弟	dìdi
伯伯	bóbo
叔叔	shūshu

3. A：小李在不在<u>学校</u>？
   B：他不在<u>学校</u>。
   B：他没在<u>学校</u>。

教室	jiàoshì
食堂	shítáng
图书馆	túshūguǎn
实验室	shíyànshì
研究室	yánjiūshì

■□　二、音声を聞きながらピンインを漢字に、漢字をピンインに直しなさい。

1　yǒu　（　　　）　6　明天　（　　　　　）
2　zài　（　　　）　7　上午　（　　　　　）
3　qù　（　　　）　8　姐姐　（　　　　　）
4　zuótiān　（　　　）　9　妹妹　（　　　　　）
5　xiàwǔ　（　　　）　10　学校　（　　　　　）

■□　三、次の文の空欄に最も適切な言葉を入れて、文を完成させなさい。

1　你家有几（　）人？　　（1 个　　2 口）
2　你有（　）有妹妹？　　（1 没　　2 不）
3　我明天（　）在家。　　（1 没　　2 不）
4　图书馆里（　）很多人。（1 有　　2 在）

■□　四、日本語を参考に、次の言葉を並べ替えて、正しい文を作りなさい。

1　わたしの家は5人家族です。
　　［我家　口　五　人　有］

2　わたしはパソコンを1台持っています。
　　［我　电脑　台　一　有］

3　わたし達の教室は2階ではなく、3階にあります。
　　［我们　教室　的　二楼　在　不　三楼　在］

4　わたしは昨日の午後家にいませんでした。
　　［我　昨天　下午　家　在　没］

6 Dì liù kè

Nǐ qù nǎr?

A : Nǐ qù nǎr?
B : Wǒ qù biànlìdiàn.
A : Qù biànlìdiàn mǎi shénme?
B : Mǎi miànbāo hé yǐnliào.

A : Nǐ zài nǎr chī fàn?
B : Wǒ dàile héfàn, zài jiàoshì chī. Nǐ ne?
A : Wǒ méi dài fàn, qù shítáng chī.

<新しいことば>

①	哪儿	代	nǎr	どこ
②	便利店	名	biànlìdiàn	コンビニ
③	面包	名	miànbāo	パン
④	和	连	hé	…と（いっしょ）
⑤	饮料	名	yǐnliào	飲み物
⑥	在	介	zài	…で
⑦	吃	动	chī	食べる
⑧	饭	名	fàn	ご飯
⑨	带	动	dài	持つ
⑩	了	助	le	…した、…したら
⑪	盒饭	名	héfàn	弁当
⑫	教室	名	jiàoshì	教室
⑬	食堂	名	shítáng	食堂

第6课　　53

你去哪儿？

A：你去哪儿？
B：我去便利店。
A：去便利店买什么？
B：买面包和饮料。

A：你在哪儿吃饭？
B：我带了盒饭，在教室吃。你呢？
A：我没带饭，去食堂吃。

第6課　あなたはどこに行きますか

A：あなたはどこに行きますか。
B：わたしはコンビニに行きます。
A：コンビニに何を買いに行きますか。
B：パンと飲み物を買います。

A：あなたはどこでご飯を食べますか。
B：わたしはお弁当を持ってきたので、教室で食べます。あなたは？
A：わたしはお弁当を持っていなくて、食堂に行って食べます。

異文化の窓

中国は960万平方キロメートルの国土が23の省、4つの直轄市、5つの自治区、2つの特別行政区に分けられ、多くの民族が暮している多民族国家です。では、中国にはどのくらいの民族があるでしょうか。

Dì liù kè

ポイント

▶ 一、動詞 "去" …へ行く

> 我 去 便利店。
> 私は コンビニに 行きます。

　　動詞 "去" は日本語の「去る」という意味ではなく、「行く」という意味である。行き先は目的語として "去" の後に置く。否定の表現はその前に "不" も "没" も用いられる。ただし、"不去" は「行かない、行こうとしない」という意味になるのに対して、"没去" は「行かなかった、行っていない」という意味である。なお、文末に "吗" をつければ一般疑問文になり、"去不去" の形で反復疑問文になる。

　　1 你去学校吗？　　　　　　Nǐ qù xuéxiào ma？
　　2 你去不去图书馆？　　　　Nǐ qù bu qù túshūguǎn？
　　3 我不去新宿。　　　　　　Wǒ bú qù Xīnsù．
　　4 我昨天没去公司。　　　　Wǒ zuótiān méi qù gōngsī．
　　5 我明天不去医院。　　　　Wǒ míngtiān bú qù yīyuàn．

▶ 二、動詞 "去" ＋動詞連語　　～しに行く

> 你 去 便利店 买 什么？
> あなたは コンビニに 何を 買いに 行きますか？

　　上の例文のように "便利店" は "去" の目的地であるが、"买什么" は "去" の目的である。否定の表現は普通 "不" または "没" を "去" の前に置く(例2)。なお、文末に "吗" をつければ、一般疑問文になり(例1)、"去不去"(例4) のように動詞を肯定否定の形にすれば反復疑問文になる。

　　1 你去食堂吃饭吗？　　　　Nǐ qù shítáng chī fàn ma？
　　2 我不去食堂吃饭。　　　　Wǒ bú qù shítáng chī fàn．
　　3 我去图书馆借书。　　　　Wǒ qù túshūguǎn jiè shū．
　　4 你去不去看电影？　　　　Nǐ qù bu qù kàn diànyǐng？

三、動態助詞 "了"（完了・実現）　…した、…したら

> 我 带了 盒饭。
> 　私は 弁当を 持ってきました。

☞ 動態助詞 "着" p.60　二・三
☞ 動態助詞 "过" p.67　五
☞ 語気助詞 "了" p.61　六

　動態助詞 "了" は動詞の直後に置いて、次の2つの働きをする。1つは動作や行為がすでに完了・完成したことを表す（例1, 2）。もう1つは前の動作の完了を仮定し、次の動作や行為が発生することを表す（例3, 4）。否定の表現には "了" を使うことはできず、動詞の前に "没(有)" を用い "不" を用いない。

1　我买了铅笔和橡皮。　　　　Wǒ mǎile qiānbǐ hé xiàngpí.
　—我没(有)买铅笔。　　　　 Wǒ méi(yǒu) mǎi qiānbǐ.
2　我借了三本参考书。　　　　Wǒ jièle sān běn cānkǎoshū.
　—我没借参考书。　　　　　 Wǒ méi jiè cānkǎoshū.
3　我吃了饭就去。　　　　　　Wǒ chīle fàn jiù qù.
4　放了暑假，我去旅游。　　　Fàngle shǔjià, wǒ qù lǚyóu.

四、前置詞 "在" ＋場所名詞（動作の行われる場所）　…で…を（する）

> 我 在 食堂 吃饭。
> 　私は 食堂で ご飯を食べます。

☞ 動詞 "在" p.49　三
☞ 副詞 "在" p.60　一

　"在" は動詞の使い方以外に前置詞の使い方もある。前置詞は単独で文成分として用いられず、必ず後に名詞を伴って前置詞構造の形を作らなければならない。本課では、前置詞 "在" が場所名詞を伴って動詞の前に置かれ動作の場所を表す。否定の表現には "不" または "没" を "在" の前に置くのが普通である。

1　我下午没在教室看书。　　　Wǒ xiàwǔ méi zài jiàoshì kàn shū.
2　我不在图书馆看报。　　　　Wǒ bú zài túshūguǎn kàn bào.
3　他在实验室做实验吗？　　　Tā zài shíyànshì zuò shíyàn ma?
4　他在不在实验室做实验？　　Tā zài bu zài shíyànshì zuò shíyàn?

トレーニング

■□ 一、文型練習

1. A：你去哪儿？
   B：我去食堂。

图书馆	túshūguǎn
实验室	shíyànshì
超市	chāoshì
银行	yínháng
邮局	yóujú

2. A：你去食堂干什么？
   B：我去食堂 吃饭。

图书馆	自习	zìxí
实验室	做实验	zuò shíyàn
超市	买东西	mǎi dōngxi
银行	取钱	qǔ qián
邮局	寄信	jì xìn

3. A：你在家里干什么？
   B：我在家里 看电视。

教室	jiàoshì	看书	kàn shū
宿舍	sùshè	睡觉	shuìjiào
体育馆	tǐyùguǎn	打篮球	dǎ lánqiú
游泳馆	yóuyǒngguǎn	游泳	yóuyǒng
健身房	jiànshēnfáng	锻炼	duànliàn

第6课

■□ 二、音声を聞きながらピンインを漢字に、漢字をピンインに直しなさい。

1 chī   (   )   6   面包   (   )

2 dài   (   )   7   饮料   (   )

3 fàn   (   )   8   便利店   (   )

4 mǎi   (   )   9   图书馆   (   )

5 shítáng (   )   10 实验室   (   )

■□ 三、次の文の空欄に最も適切な言葉を入れて、文を完成させなさい。

1 A：你去哪儿？
   B：(   )。   （1 看书   2 吃饭   3 超市）

2 A：你买了什么？
   B：(   )。   （1 银行   2 盒饭   3 食堂）

3 A：你在哪儿吃饭？
   B：(   )。   （1 教室   2 面包   3 盒饭）

4 A：你在教室干什么？
   B：(   )。   （1 自习   2 寄信   3 取钱）

■□ 四、日本語を参考に、次の言葉を並べ替えて、正しい文を作りなさい。

1 図書館に本を読みに行きますか。
   ［你 图书馆 书 看 去 吗］

2 あなたは何を買いましたか。
   ［你 什么 买 了］

3 わたしは今日弁当を買っていません。
   ［我 今天 盒饭 买 没有］

4 あなたは家で何をしますか。
   ［家里 你 在 什么 干］

Dì qī kè

Nǐ zài gàn shénme？

A：Nǐ zài gàn shénme？

B：Wǒ zài fā wēixìn ne．

A：Shì fā gěi nǐ nǚpéngyou ba？

B：Qùnǐde．

A：Duìbuqǐ, wǒ děi huí sùshè le．

B：Xiànzài bùxíng, zhèng xiàzhe yǔ ne．

A：Méi guānxi, wǒ dàizhe yǔsǎn ne．

B：Yǔ tài dà le, děngyiděng ba．

<新しいことば>

①	在	副	zài	…している
②	干	动	gàn	やる、する
③	发微信	组	fā wēixìn	WeChat（LINEのようなもの）でメッセージを送る
④	呢	助	ne	（動作の進行などを表す）
⑤	给	介	gěi	…に、…のために
⑥	女朋友	名	nǚpéngyou	ガールフレンド
⑦	去你的	动	qùnǐde	やめて、よして
⑧	回	动	huí	帰る、戻る
⑨	对不起	动	duìbuqǐ	すまない
⑩	得	助动	děi	…しなければならない
⑪	宿舍	名	sùshè	宿舎
⑫	了	助	le	（変化などの語気を表す）
⑬	不行	形	bùxíng	いけない、良くない
⑭	正	副	zhèng	ちょうど…している
⑮	下雨	组	xià//yǔ	雨が降る
⑯	着	助	zhe	…ている、…てある
⑰	没关系	形	méi guānxi	大丈夫だ
⑱	雨伞	名	yǔsǎn	雨傘
⑲	大	形	dà	大きい
⑳	等	动	děng	待つ

第7课

你在干什么？

A：你在干什么？
B：我在发微信呢。
A：是发给你女朋友吧？
B：去你的！

A：对不起，我得回宿舍了。
B：现在不行，正下着雨呢。
A：没关系，我带着雨伞呢。
B：雨太大了，等一等吧。

第7課　あなたは何をしているのですか

A：あなたは何をしているのですか。
B：ウィーチャットでメッセージを送っているところです。
A：ガールフレンドに送っているのでしょう。
B：よしてくださいよ。

A：すみません、わたしは宿舎に戻らなければなりません。
B：今はだめです。雨が降っていますよ。
A：構いません。わたしは傘を持っています。
B：雨が強すぎるから、ちょっと待ちましょう。

異文化の窓

北京に行くと、よく「不到长城非好汉，不吃烤鸭真遗憾」(Bú dào Chángchéng fēi hǎohàn, bù chī kǎoyā zhēn yíhàn) と聞きます。それは "长城" と "烤鸭" が北京の名物だからでしょう。では、万里の長城はいつの時代から造り始められたでしょうか。

ポイント

▶ 一、副詞"在"　…している

> 我 在 发 微信 呢。
> 私は メッセージを 送っているところですよ。

☞動詞の"在" p.49　三
☞前置詞の"在" p.55　四

"在"は動詞や前置詞の他に副詞の使い方もある。この場合、動詞の直前に置いて動作の進行を表す。副詞"正、正在"を用いても同じである(例1)。また、肯定文の文末に語気助詞"呢"を加えると動作の進行の語気を強める(例1, 2)。否定の表現は、副詞の"在"の前に"没"を用いるか、または"在"を用いず"没"を直接動詞の前に置く(例3)。

1 老师正在开会呢。　　　　Lǎoshī zhèngzài kāihuì ne.
2 外面在下雨呢。　　　　　Wàimiàn zài xiàyǔ ne.
3 外面没(在)下雨。　　　　Wàimiàn méi(zài) xiàyǔ.

▶ 二、動態助詞"着"(動作の進行)　…ている、…てある

> 现在 正 下着 雨 呢。
> 今は 雨が 降っているよ。

☞動態助詞"了" p.55　三
☞動態助詞"过" p.67　五
☞語気助詞"了" p.61　六

動態助詞"着"は動詞の後につけて動作の進行を表す。肯定文には動詞の前に副詞"正、在、正在"を加えることができる(例1)。否定の表現には、"着"を使わず動詞の前に"没在"か"不在"を用いる(例2)。

1 他们俩正在谈着话呢。　　Tāmen liǎ zhèngzài tánzhe huà ne.
2 他们俩没(不)在谈话。　　Tāmen liǎ méi(bú) zài tán huà.

▶ 三、動態助詞"着"(状態の持続)　(…に)…ている、…てある

> 我 带着 雨伞 呢。
> 私は 傘を 持っているよ。

☞動態助詞"了" p.55　三
☞動態助詞"过" p.67　五
☞語気助詞"了" p.61　六

動態助詞"着"は動詞・形容詞の後につけて状態の持続を表すこともできる。この場合、述語(動詞・形容詞)の前に副詞"正、在、正在"を加えることはできない。否定の表現には、述語の前に"没(有)"を用いる。

1 墙上挂着一幅画儿。　　　Qiángshang guàzhe yì fú huàr.
2 墙上没挂着画儿。　　　　Qiángshang méi guàzhe huàr.

四、前置詞"给" …に

> 是发给你女朋友吧？
> ガールフレンドに（メッセージ）を送っているのでしょう？

前置詞"给"は名詞や人称代名詞を伴って動詞の前（例1）または動詞の後（例2）に置いて動作と関係する対象を導く。

1 我给姐姐打电话。　　　　Wǒ gěi jiějie dǎ diànhuà.
2 这是送给你的礼物。　　　Zhè shì sòng gěi nǐ de lǐwù.

五、助動詞"得" …しなければならない

> 我 得 回 宿舍 了。
> 私は 宿舎に 戻らなければならなくなりました。

☞助動詞の"要" p.73　五

"得"は助動詞として使われるときには"děi"と発音し、「…する必要がある」という意味を表す。否定の表現には"不用"を用い、"不得"を用いない。

1 我得写作业了。　　　　　Wǒ děi xiě zuòyè le.
2 你明天得去学校吗？　　　Nǐ míngtiān děi qù xuéxiào ma?
　−明天放假，不用去学校。　Míngtiān fàngjià, búyòng qù xuéxiào.

六、語気助詞"了" …になった

> 我 得 回 宿舍 了。
> 私は 宿舎に 戻らなければならなくなりました。

☞動態助詞"了" p.55　三

語気助詞"了"は、完了・過去を表す動態助詞"了"と違って動詞の後に置くのではなく、文末に置いて変化などの語気を表す。

1 外面下雨了。　　　Wàimiàn xià yǔ le.
2 他的病好了。　　　Tā de bìng hǎo le.
3 已经十二点了。　　Yǐjīng shí'èr diǎn le.

七、動詞の重ね型"等一等"

動詞を重ねて使うと、「…してみる」「ちょっとする」の意味が附加される。

単音節動詞	AA式	A一A式
二音節動詞	ABAB式	

1 试 shì　⇒　试试 shìshi　⇒　试一试 shìyishi
2 商量 shāngliang　⇒　商量商量 shāngliang shāngliang．

トレーニング

■□ 一、文型練習

1. A：你在干什么？
   B：我在<u>发微信</u>呢。

做饭	zuò fàn
吃饭	chī fàn
写作业	xiě zuòyè
玩游戏	wánr yóuxì
看电视	kàn diànshì

2. A：你在给谁打电话呢？
   B：给我<u>朋友</u>。

同学	tóngxué
老师	lǎoshī
母亲	mǔqin
老板	lǎobǎn
同事	tóngshì

3. A：对不起，我得回<u>宿舍</u>了。
   B：正下着雨呢，等一等吧！

家	jiā
旅馆	lǚguǎn
酒店	jiǔdiàn
公司	gōngsī
研究室	yánjiūshì

第 7 课

■□ 二、音声を聞きながらピンインを漢字に、漢字をピンインに直しなさい。

1 gàn　（　　　）　6 下雨　（　　　）
2 gěi　（　　　）　7 不行　（　　　）
3 děi　（　　　）　8 去你的　（　　　）
4 huí　（　　　）　9 对不起　（　　　）
5 děng　（　　　）　10 没关系　（　　　）

■□ 三、次の文の空欄に最も適切な言葉を入れて、文を完成させなさい。

1　我（　）打电话呢。　　（1 有　2 在　3 是）
2　我得回公司（　）。　　（1 吗　2 的　3 了）
3　现在正下（　）雨呢。　（1 了　2 着　3 在）
4　我带着雨伞（　）。　　（1 吗　2 吧　3 呢）
5　你（　）谁写信呢？　　（1 在　2 给　3 是）

■□ 四、日本語を参考に、次の言葉を並べ替えて、正しい文を作りなさい。

1　わたしはテレビを見ているところですよ。
　　［ 我　电视　看　在　呢 ］

2　わたしは帰らなければなりません。
　　［ 我　家　回　得　了 ］

3　今は雨が降っていますよ。
　　［ 现在　雨　下　正　着　呢 ］

4　あなたは図书馆で本を読んでいますか。
　　［ 图书馆　你　书　看　吗　在 ］

8 Dì bā kè

Nǐ hē lǜchá, háishi hē hóngchá ?

A : Wǒmen qù chálóu hē chá ba .

B : Tài hǎo le, wǒ zhèng xiǎng hē chá ne .

A : Nǐ hē lǜchá, háishi hē hóngchá ?

B : Wǒ xǐhuan hē lǜchá .

A : Nà jiù hē lóngjǐng ba .

B : Tīngshuō lóngjǐng hěn yǒumíng, wǒ hái méiyǒu hēguo ne .

A : Shì ma ? Chá lái le, qǐng ba .

B : Wèidao zhēn hǎo, fāngxiāng kěkǒu .

＜新しいことば＞

①	茶楼	名	chálóu	喫茶店
②	喝	动	hē	飲む
③	茶	名	chá	お茶
④	想	助动	xiǎng	…したい
⑤	绿茶	名	lǜchá	緑茶
⑥	还是	连	háishi	…それとも
⑦	红茶	名	hóngchá	紅茶
⑧	喜欢	动	xǐhuan	…好きである
⑨	那	连	nà	それなら、それでは
⑩	就	副	jiù	…ことにする
⑪	龙井	名	lóngjǐng	龍井茶
⑫	听说	动	tīng//shuō	聞くところによると…だそうだ
⑬	有名	形	yǒumíng	有名である
⑭	还	副	hái	まだ、また
⑮	过	助	guo	…たことがある
⑯	来	动	lái	来る
⑰	味道	名	wèidao	味
⑱	真	副	zhēn	実に、確かに
⑲	芳香	形	fāngxiāng	香りがよい
⑳	可口	形	kěkǒu	口に合う

第 8 课

你喝绿茶，还是喝红茶？

A：我们去茶楼喝茶吧。
B：太好了，我正想喝茶呢。
A：你喝绿茶，还是喝红茶？
B：我喜欢喝绿茶。
A：那就喝龙井吧。
B：听说龙井很有名，我还没有喝过呢。
A：是吗？茶来了，请吧。
B：味道真好，芳香可口。

第8課　緑茶を飲みますか、それとも紅茶を飲みますか

A：喫茶店にお茶を飲みに行きましょう。
B：いいですね。わたしはちょうどお茶を飲みたかったところです。
A：緑茶を飲みますか、それとも紅茶を飲みますか。
B：わたしは緑茶を飲むのが好きです。
A：それでは龍井茶を飲みましょう。
B：聞くところによると、龍井茶はとても有名だそうですね。
　　わたしはまだ飲んだことがありませんね。
A：そうですか。お茶が来ました。どうぞ。
B：味が本当に良いですね。香りもよくて口に合いますね。

異文化の窓

秦始皇は文字通り中国の最初の皇帝でしたが、始皇帝から最後の皇帝溥儀まで、中国には、合わせて83の王朝に559人の皇帝が在位していました。ところで、現代における"小皇帝 xiǎohuángdì"とは、どんな人を指しているでしょうか。

ポイント

▶ 一、助動詞 " 想 "　　…したい

> 我 正 想 喝 茶 呢。
> 私は ちょうど お茶を 飲みたかったところです。

助動詞 " 想 " は動詞の直前に置いて願望を表す。否定の表現にはふつう " 想 " の前に " 不 " を用いる。" 想不想 " の形で反復疑問の表現になる。

1 你想喝咖啡吗？　　　　　Nǐ xiǎng hē kāfēi ma ?
2 我不想喝咖啡。　　　　　Nǐ bù xiǎng hē kāfēi .
3 你想不想去中国留学？　　Nǐ xiǎng bu xiǎng qù Zhōngguó liúxué ?

▶ 二、選択疑問文 " (是)…还是… "　　…か、それとも…か

> 你 喝 红茶，还是 喝 绿茶？
> あなたは 紅茶を 飲みますか、それとも 緑茶を 飲みますか。

☞一般疑問文 p.30　二
☞疑問詞疑問文 p.25　三
☞反復疑問文 p.30　三

" (是)…还是… " の形は選択疑問文の典型的な表現である。この場合の " 还是 " は接続詞で、「それとも」という意味である。" 是 " と " 还是 " をそれぞれオプションの前に置く。また、オプションが名詞の場合、" 是 " を省略できず (例 1)、オプションが動詞の場合、" 是 " を省略してもよい (例 2)。答え方としては、ふつう二者択一で答える。

1 你是日本人，还是中国人？　　　Nǐ shì Rìběnrén, háishi Zhōngguórén ?
2 你(是)喝茶，还是喝咖啡？　　　Nǐ (shì) hē chá, háishi hē kāfēi ?
　—我喝茶。　　　　　　　　　　—Wǒ hē chá .

▶ 三、動詞 " 喜欢 "　　…が好きだ、…するのが好きだ

> 我 喜欢 喝 绿茶。
> 私は 緑茶を 飲むのが 好きです。

" 喜欢 " は動詞である。その後に来る言葉は名詞または動詞フレーズのいずれかである。否定の表現には " 喜欢 " の前に " 不 " を用い、反復疑問の表現は " 喜欢不喜欢 " または " 喜不喜欢 " の形をとる。

1 你喜欢理科，还是喜欢文科？　　Nǐ xǐhuan lǐkē, háishi xǐhuan wénkē ?
2 你喜不喜欢踢足球？　　　　　　Nǐ xǐ bu xǐhuan tī zúqiú ?

四、動詞 "听说"　聞くところによると…だそうだ

> 听说 龙井 很 有名。
> 龍井茶は とても 有名だそうです。

☞ "听…说" p.85　四

"听说"は挿入語として文頭に置いた場合には伝聞を表す。ただし、"听说"が主語の後に用いられた場合には、動詞で「…と聞いている」という意味になる (例3)。

1　听说他去中国留学了。　　　Tīngshuō tā qù Zhōngguó liúxué le .
2　听说她结婚了。　　　　　　Tīngshuō tā jiéhūn le .
3　那件事我也听说了。　　　　Nà jiàn shì wǒ yě tīngshuō le .

五、動態助詞 "过"（経験）　　…たことがある

> 我 还 没有 喝过 龙井茶 呢。
> 私は まだ 龍井茶を 飲んだことがありませんね。

☞ 動態助詞 "着" p.60　二・三
☞ 動態助詞 "了" p.55　三

動態助詞 "过"は動詞の後に置いて経験を表す。否定の表現には動詞の前に "没"または "没有"を用い、"不"を用いてはならない (例1)。なお、"过"は完了を表す場合もある (例2)。

1　你去过北京吗？　　　　　　Nǐ qùguo Běijīng ma ?
　　－我没去过北京。　　　　　－ Wǒ méi qùguo Běijīng .
2　你吃过饭了吗？　　　　　　Nǐ chīguo fàn le ma ?
　　－吃过了。　　　　　　　　－ Chīguo le .

六、接続詞 "那"　それなら、それでは

"那"は、指示代名詞のほかに接続詞としてもよく使われる。その場合は接続詞 "那么"と同じ意味である。

1　你想要，那就给你吧。　　　Nǐ xiǎng yào , nà jiù gěi nǐ ba .
2　时间不早了。　　　　　　　Shíjiān bù zǎo le .
　　－那我们走吧！　　　　　　－ Nà wǒmen zǒu ba!

トレーニング

■□　一、文型練習

1. A：你想不想去<u>北京</u>？
   B：想去。我还没去过呢。
   A：那就去<u>北京</u>吧。

上海	Shànghǎi
杭州	Hángzhōu
香港	Xiānggǎng
澳门	Àomén
台湾	Táiwān

2. A：你喜欢<u>喝绿茶</u>，还是喜欢<u>喝红茶</u>？
   B：我喜欢<u>喝绿茶</u>，不喜欢<u>喝红茶</u>。

春天	chūntiān	秋天	qiūtiān
夏天	xiàtiān	冬天	dōngtiān
足球	zúqiú	篮球	lánqiú
吃鱼	chī yú	吃肉	chī ròu
看电视	kàn diànshì	看电影	kàn diànyǐng

3. A：听说<u>龙井</u>很有名。
   B：是的。<u>龙井</u>非常有名。

上海小笼包	shànghǎi xiǎolóngbāo
北京烤鸭	běijīng kǎoyā
茅台酒	máotáijiǔ
这店的饺子	zhè diàn de jiǎozi
这店的寿司	zhè diàn de shòusī

第 8 课

■□ 二、音声を聞きながらピンインを漢字に、漢字をピンインに直しなさい。

1 xiǎng （　　　　） 6 还是 （　　　　）
2 hē （　　　　） 7 有名 （　　　　）
3 hái （　　　　） 8 味道 （　　　　）
4 xǐhuan （　　　　） 9 芳香 （　　　　）
5 tīngshuō （　　　　） 10 可口 （　　　　）

■□ 三、次の文の空欄に最も適切な言葉を入れて、文を完成させなさい。

1 A：你想喝什么？
　 B：（　　　　）。　　　（1 苹果　2 龙井茶　3 面包）

2 A：你喝过乌龙茶吗？
　 B：（　　　　）。　　　（1 不喝　2 没喝　3 喝过）

3 A：你去过中国什么地方？
　 B：（　　　　）。　　　（1 两次　2 上海　3 想去）

■□ 四、日本語を参考に、次の言葉を並べ替えて、正しい文を作りなさい。

1 あなたは中国に旅行に行きたいですか。
　 ［你　中国　旅游　去　想　吗］

2 わたしはまだ中国に行ったことがありません。
　 ［我　还　中国　去　过　没有］

3 北京ダックはとても有名だそうですね。
　 ［北京烤鸭　有名　很　听说］

4 あなたはお茶が好きですか、それともコーヒーが好きですか。
　 ［你　茶　喝　喜欢　还是　咖啡　喝　喜欢］

9 Dì jiǔ kè

Nà běn mànhuà kànwán le ma?

A : Nà běn mànhuà kànwán le ma?

B : Duìbuqǐ, hái méiyǒu kànwán ne.

A : Míngtiān kàndewán kànbuwán?

B : Míngtiān kàndewán.

A : Nǐ zěnme yòu yào chūqu ne?

B : Hé péngyou yìqǐ qù kàn diànyǐng.

A : Jǐ diǎn huílai?

B : Bù zhīdao. Jiǔdiǎn yǐqián huíbulái ba.

<新しいことば>

①	本	量	běn	冊
②	漫画	名	mànhuà	漫画
③	看	动	kàn	見る、読む
④	完	动	wán	終わる、終える
⑤	看得完	动	kàndewán	読み終えられる
⑥	看不完	动	kànbuwán	読み終えられない
⑦	怎么	代	zěnme	どうして、なぜ
⑧	又	副	yòu	また (…した)
⑨	要	助动	yào	…しなければならない
⑩	出去	动	chū//qù	出ていく
⑪	朋友	名	péngyou	友達
⑫	一起	副	yìqǐ	一緒に
⑬	电影	名	diànyǐng	映画
⑭	知道	动	zhīdao	知る
⑮	以前	名	yǐqián	それより前、以前
⑯	回不来	动	huíbulái	帰れない

第 9 课　那本漫画看完了吗？

A：那本漫画看完了吗？
B：对不起，还没有看完呢。
A：明天看得完看不完？
B：明天看得完。

A：你怎么又要出去呢？
B：和朋友一起去看电影。
A：几点回来？
B：不知道。九点以前回不来吧。

第9課　あの漫画は読み終わりましたか

A：あの漫画は読み終わりましたか。
B：すみません。まだ読み終えていません。
A：明日には読み終えられますか。
B：明日には読み終えられます。

A：なぜまた出かけなければならないのですか。
B：友達と一緒に映画を見に行きますから。
A：何時に帰って来ますか。
B：分かりません。9時以前には帰れないでしょう。

異文化の窓

"打工族 dǎgōngzú"とはアルバイトで時給をもらう人のこと。"月光族 yuèguāngzú"とは貯金もせず、その月の給料を全部使い果たす若者のこと。では、"啃老族 kěnlǎozú"とはどんな人のことでしょうか。

ポイント

▶ 一、結果補語

> 那本漫画看完了吗？
> あの漫画は読み終わりましたか。

結果補語は主に動詞の直後に置いて動作の結果を表す。上の例文のように"完（終わる）"は動作"看（読む）"の結果を表す結果補語である。結果補語になることができるのは動詞（例1, 2）と形容詞（例3, 4）だけである。完了・完成を表す"了"は動詞の後にではなく結果補語の後に置かなければならない。否定の表現には動詞の前に"没（有）"を用い、"不"を用いてはならない（例2）。

1 今天的课听懂了吗？　　　　　Jīntiān de kè tīngdǒng le ma?
2 有的听懂了，有的没听懂。　　Yǒude tīngdǒng le, yǒude méi tīngdǒng.
3 衣服洗干净了吗？　　　　　　Yīfu xǐgānjìng le ma?
4 已经洗干净了。　　　　　　　Yǐjīng xǐgānjìng le.

▶ 二、方向補語

> 怎么又要出去呢？
> なぜまた出かけなければならないのですか。

方向補語は主に動詞の直後に置いて動作の方向を表す。方向補語には下記の表の通り単純方向補語と複合方向補語の2通りがある。目的語は一般名詞ならば方向補語の前にも後にも置くことができる（例1, 2）。但し、目的語が場所名詞の場合は、単純方向補語の前、複合方向補語の2文字の間（例4なら、"进"と"来"の間に目的語"教室"が来る）に置かなければならない。完了を表す"了"は、普通方向補語の後に置く。否定の表現には動詞の前に"没（有）"か"不"を用いる（例5）。

単純方向		上 shàng のぼる	下 xià くだる	进 jìn はいる	出 chū でる	回 huí もどる	过 guò すぎる	起 qǐ おきる
来 lái くる	複合方向	上来	下来	进来	出来	回来	过来	起来
去 qù いく		上去	下去	进去	出去	回去	过去	×

1 小王带来了礼物。　　　　Xiǎo Wáng dàilái le lǐwù.
2 小王带礼物来了。　　　　Xiǎo Wáng dài lǐwù lái le.
3 小王回中国去了。　　　　Xiǎo Wáng huí Zhōngguó qù le.
4 老师走进教室来了。　　　Lǎoshī zǒujìn jiàoshì lái le.
5 爸爸还没有回来。　　　　Bàba hái méiyǒu huílai.

三、可能補語

① 明天 看得完。
　明日には 読み終えられます。
② 九点 以前 回不来 吧。
　9時前には 帰れないでしょう。

可能補語は述語の直後に置いて可能・不可能を表す。述語と結果補語・方向補語の間に"得"を置くと可能を表し(例1,2,3)、"不"を置くと不可能を表す(例2,3,4)。上の例文①のように動詞"看"と結果補語"完"の間に"得"を置いて「読み終えられる」ことを表し、また例文②の動詞"回"と方向補語"来"の間に"不"を置いて「戻れない」ことを表す。図式で示すと、次の通りである。

| 述語＋"得"＋結果補語・方向補語　＝　可能補語の肯定形 |
| 述語＋"不"＋結果補語・方向補語　＝　可能補語の否定形 |

1　今天的课听得懂吗？　　　Jīntiān de kè tīngdedǒng ma?
2　有的听得懂，有的听不懂。　Yǒude tīngdedǒng, yǒude tīngbudǒng.
3　爸爸今天回得来回不来？　　Bàba jīntiān huídelái huíbulái?
4　我吃饱了，再也吃不下了。　Wǒ chībǎo le, zài yě chībuxià le.

四、時刻（動作の始まりの時間）＋動詞　　いつ…する

几点 回来？
何時に 帰って来ますか？

☞時量補語 p.78　二

時間名詞は動詞の前に置いて動作の始まりの時間を表す。

1　我每天八点去学校。　　　Wǒ měi tiān bā diǎn qù xuéxiào.
2　明天我六点半起床。　　　Míngtiān wǒ liù diǎn bàn qǐchuáng.

五、助動詞"要"　　…しなければならない

怎么 又 要 出去 呢？
なぜ また 出かけなければならないのですか？

☞助動詞"得" p.61　五
☞助動詞"要" p.85　五

助動詞"要"は動詞の前に置いて必要や義務を表す。否定の表現には"不要"ではなく"不用"を用いる。"要不要"の形で反復疑問を表す。

明天要不要去学校？　　　Míngtiān yào bu yào qù xuéxiào?
—明天放假，不用去。　　—Míngtiān fàngjià, búyòng qù.

Dì jiǔ kè

トレーニング

■□ 一、文型練習

1. A：那本<u>漫画</u>明天看得完吗？
   B：明天<u>看</u>得完。

书	shū
杂志	zázhì
小说	xiǎoshuō
诗集	shījí
参考书	cānkǎoshū

2. A：怎么又要出去呢？
   B：和朋友一起去<u>看电影</u>。

吃饭	chī fàn
喝茶	hē chá
买东西	mǎi dōngxi
听音乐会	tīng yīnyuèhuì
唱卡拉OK	chàng kǎlā OK

3. A：几点回来？
   B：不知道。<u>七点</u>以前回不来吧。

六点	liù diǎn
八点	bā diǎn
九点	jiǔ diǎn
十点	shí diǎn
十一点	shíyī diǎn

第 9 课

■□　二、音声を聞きながらピンインを漢字に、漢字をピンインに直しなさい。

1　mànhuà　（　　　　　）　6　知道　（　　　　　　）
2　zěnme　（　　　　　）　7　电影　（　　　　　　）
3　péngyou　（　　　　　）　8　看得完　（　　　　　　）
4　yǐqián　（　　　　　）　9　看不完　（　　　　　　）
5　yìqǐ　（　　　　　）　10　回不来　（　　　　　　）

■□　三、次の文の空欄に最も適切な言葉を入れて、文を完成させなさい。

1　那（　）杂志看完了吗？　　　（1 张　2 本　3 部）
2　作业做（　）了吗？　　　　　（1 终　2 了　3 完）
3　怎么又要回（　）呢？　　　　（1 下　2 进　3 去）
4　十点以前回（　）来吗？　　　（1 去　2 得　3 上）

■□　四、日本語を参考に、次の言葉を並べ替えて、正しい文を作りなさい。

1　あの小説は明日までに読み終えられますか。
　　［那　小说　本　明天　看　完　得　吗］

2　この服はきれいに洗いましたか。
　　［这　衣服　件　干净　洗　了　吗］

3　どうしてまた出てこなければならないのですか。
　　［你　又　怎么　来　出　要　呢］

4　わたしは友達と一緒に映画を観に行かなければなりません。
　　［我　朋友　和　一起　电影　看　去　要］

10 Dì shí kè

Nǐ de Hànyǔ hǎo jí le

A : Nǐ de Hànyǔ hǎo jí le, shì zěnme xué de ?

B : Duō liànxí bei .

A : Nǐ měi tiān xué Hànyǔ xué duō cháng shíjiān ?

B : Xué yí ge xiǎoshí zuǒyòu .

A : Nǐ shì zěnme liànxí huìhuà de ?

B : Měi tiān tīng shí biàn lùyīn,
　　lǎngdú èrshí biàn kèwén .

A : Guàibude nǐ shuōde zhème hǎo .

B : Nǎli, nǎli ! Hái chàde yuǎn ne .

＜新しいことば＞

①	汉语	名	Hànyǔ	中国語
②	极	副	jí	極めて、たいへん
③	怎么	代	zěnme	どのように
④	学	动	xué	学ぶ
⑤	练习	动	liànxí	練習する
⑥	呗	助	bei	(道理等が自明であることを表す)
⑦	每天	名	měitiān	毎日
⑧	多长	形	duō cháng	(時間が) どれぐらい長い
⑨	时间	名	shíjiān	時間
⑩	小时	名	xiǎoshí	時間
⑪	左右	名	zuǒyòu	左右、くらい
⑫	会话	名	huìhuà	会話 (する)
⑬	遍	量	biàn	回
⑭	听	动	tīng	聴く
⑮	录音	名	lùyīn	録音
⑯	朗读	动	lǎngdú	朗読する
⑰	课文	名	kèwén	本文
⑱	怪不得	副	guàibude	道理で
⑲	说	动	shuō	話す
⑳	这么	代	zhème	こんなに
㉑	差得远	形	chàde yuǎn	はるかに及ばない

第 10 课　你的汉语好极了

A：你的汉语好极了，是怎么学的？
B：多练习呗。
A：你每天学汉语学多长时间？
B：学一个小时左右。
A：你是怎么练习会话的？
B：每天听十遍录音，朗读二十遍课文。
A：怪不得你说得这么好。
B：哪里，哪里！还差得远呢。

第10課　あなたは中国語が上手ですね

A：あなたは中国語が上手ですね。どう勉強したのですか。
B：たくさん練習するだけですよ。
A：あなたは毎日中国語をどのくらいの時間勉強しますか。
B：1時間くらい勉強します。
A：あなたはどのように会話を練習したのですか。
B：毎日録音を10回聴き、本文を20回朗読します。
A：道理で話すのがこんなに上手なのですね。
B：いやいや。まだまだですよ。

異文化の窓

中国語にはたくさんの外来語があります。例えば、"雅虎 Yǎhǔ"はヤフー、"定食 dìngshí"は定食、"因特网 yīntèwǎng"はインターネットのことです。では、"托福 Tuōfú""优衣库 Yōuyīkù""天妇罗 tiānfūluó"はそれぞれ何でしょうか。

ポイント

▶ 一、程度補語

> ① 怪不得 你 说得 这么 好。
> 　道理で あなたは こんなに 上手なのですね。
> ② 你 的 汉语 好 极 了。
> 　あなたの 中国語は とても 上手ですね。

　程度補語は述語（形容詞・動詞）の後に置いてその程度や様態を表す。動詞述語がその直後に目的語を伴う場合は、その目的語の後で述語となる動詞をもう一度繰り返し、程度補語は繰り返された動詞の後に置く(例2)。程度補語の形は上の例文①②のように次の2通りがある。

> 述語 +"得"+ その他 (語・連語・文)
>
> 述語 +"极 (死、坏、透など)" + "了"

1 他高兴得很。　　　　　　　Tā gāoxìngde hěn.
2 她说汉语说得很流利。　　　Tā shuō Hànyǔ shuōde hěn liúlì.
3 今天天气好极了。　　　　　Jīntiān tiānqì hǎo jí le.
4 昨天真的忙死了。　　　　　Zuótiān zhēn de máng sǐ le.

▶ 二、時量補語

> 每天 学 一 个 小时 左右。
> 　毎日　1時間くらい　勉強します。

☞時刻＋動詞 p.73　四

　時量補語は述語の直後に置いて動作・状態の経過時間を表す。述語に伴う目的語が一般名詞の場合は時量補語の後に置く(例1)。もしその目的語を動詞述語の直後に置く場合は、時量補語は述語となる動詞をもう一度繰り返してから繰り返された動詞の後に置く(例2)。また、目的語が人称代名詞または場所名詞の場合、時量補語はその後に置く(例3, 4)。

1 我练习了半个小时会话。　　Wǒ liànxíle bàn ge xiǎoshí huìhuà.
2 我读课文读了半个小时。　　Wǒ dú kèwén dúle bàn ge xiǎoshí.
3 我找你两个小时了。　　　　Wǒ zhǎo nǐ liǎng ge xiǎoshí le.
4 他在图书馆一天了。　　　　Tā zài túshūguǎn yì tiān le.

三、動量補語

> 每天 朗读 二十 遍 课文。
> 毎日 本文を 20 回 朗読します。

動量補語は主に動詞述語の後に置いてその動作を繰り返す回数を表す。動量補語としてよく使われる言葉には "次 cì、回 huí、趟 tàng、遍 biàn" などがある。述語に伴う目的語は一般名詞の場合は動量補語の後に置き (例 1)、人称代名詞の場合は補語の前に置き (例 2)、国名の場合は補語の前にも後にも置くことができる (例 3, 4)。

1. 我抄写了两遍课文。　　　Wǒ chāoxiěle liǎng biàn kèwén.
2. 我问过他几回了。　　　　Wǒ wènguo tā jǐ huí le.
3. 我去过两次中国。　　　　Wǒ qùguo liǎng cì Zhōngguó.
4. 我去过中国两次。　　　　Wǒ qùguo Zhōngguó liǎng cì.

四、"是…的" の構文　　…のだ

> 你 是 怎么 学 的?
> あなたは どう 勉強したのですか。

"是…的" の構文は、すでに完了した動作の時間・場所・方式などを確認するのに用いる。"是" は肯定文の場合には省略できるが (例 2)、否定文の場合には省略することはできない (例 3)。動詞に伴う目的語は "的" の前にも後にも置くことができる (例 3, 4)。

1. 我是三点左右看见他的。　　Wǒ shì sān diǎn zuǒyòu kànjiàn tā de.
2. 我在大学学的汉语。　　　　Wǒ zài dàxué xué de Hànyǔ.
3. 我不是骑自行车来学校的。　Wǒ bú shì qí zìxíngchē lái xuéxiào de.
4. 我是坐电车来的学校。　　　Wǒ shì zuò diànchē lái de xuéxiào.

五、疑問代詞 "怎么"　　どう　どのように、なぜ　どうして

> 你 是 怎么 学 的?
> あなたは どう 勉強したのですか。

疑問代名詞 "怎么" は動詞の前に置いて方式・手段 (例 1) や原因・理由 (例 2) を尋ねるのに用いる。

1. 请问,去车站怎么走？　　Qǐngwèn, qù chēzhàn zěnme zǒu?
2. 你怎么又迟到了呢？　　　Nǐ zěnme yòu chídào le ne?

トレーニング

■□ 一、文型練習

1. A：你的汉语好极了，是怎么学的？
   B：多<u>练习</u>呗。

听	tīng
说	shuō
读	dú
念	niàn
背	bèi

2. A：你每天<u>学汉语</u> <u>学</u>多长时间？
   B：<u>学</u> <u>一个</u>小时左右。

跑步	pǎobù	跑	pǎo	半个	bàn ge
睡觉	shuìjiào	睡	shuì	八个	bā ge
做作业	zuò zuòyè	做	zuò	两个	liǎng ge
看电视	kàn diànshì	看	kàn	一个	yí ge
打网球	dǎ wǎngqiú	打	dǎ	三个	sān ge

3. A：课文每天<u>朗读</u>几遍？
   B：<u>朗读</u> <u>二十遍</u>。

抄写	chāoxiě	三遍	sān biàn
默写	mòxiě	两遍	liǎng biàn
默读	mòdú	五遍	wǔ biàn
背诵	bèisòng	一遍	yí biàn
复述	fùshù	两遍	liǎng biàn

二、音声を聞きながらピンインを漢字に、漢字をピンインに直しなさい。

1　Hànyǔ　　（　　　　　）　6　朗读　　（　　　　　）

2　měi tiān　（　　　　　）　7　会话　　（　　　　　）

3　shíjiān　 （　　　　　）　8　怪不得　（　　　　　）

4　xiǎoshí　 （　　　　　）　9　好极了　（　　　　　）

5　liànxí　　（　　　　　）　10　差得远　（　　　　　）

三、次の文の空欄に最も適切な言葉を入れて、文を完成させなさい。

1　A：你是怎么学会话的？
　　B：（　　　　　）。　　（1 在家　2 多练习　3 两个小时）

2　A：你每天练习多长时间？
　　B：（　　　　　）。　　（1 两点　2 一点半　3 半个小时）

3　A：你的发音好极了。
　　B：（　　　　　）。　（1 什么什么　2 哪里哪里　3 怎么怎么）

四、日本語を参考に、次の言葉を並べ替えて、正しい文を作りなさい。

1　彼は中国語を話すのが流暢ですね。
　　［ 他　汉语　说　很　流利　说　得 ］

2　わたしは今日本文を五回読みました。
　　［ 我　课文　五遍　读　了　今天 ］

3　あなたは毎日何時間寝ますか。
　　［ 每天　你　小时　几个　睡 ］

4　わたしは自転車で来たのではなく、歩いてきたのです。
　　［ 我　自行车　骑　来　是　不　的　来　走　是　的 ］

11 Dì shíyī kè

Xià xuě bǐ xià yǔ hǎo

A : Jīntiān zuìgāo qìwēn duōshao dù ?

B : Shíliù dù, bǐ zuótiān dīle sān dù .

A : Zuìdī qìwēn ne ?

B : Wǔ dù, gēn zuótiān yíyàng .

A : Jīntiān hěn lěng ba ?

B : Wǒ juéde jīntiān méiyǒu zuótiān lěng .

A : Tīng tiānqì yùbào shuō, míngtiān yào xià xuě .

B : Shì ma? Xià xuě bǐ xià yǔ hǎo, kěyǐ qù huáxuě le .

<新しいことば>

①	最	副	zuì	最も
②	高	形	gāo	高い
③	气温	名	qìwēn	気温
④	度	名	dù	度
⑤	比	介	bǐ	…より
⑥	低	形	dī	低い
⑦	跟	介	gēn	…と
⑧	一样	形	yíyàng	同じだ
⑨	冷	形	lěng	寒い
⑩	觉得	动	juéde	…と思う、…と感じる
⑪	听…说	动	tīng…shuō	…によれば…だそうだ
⑫	天气预报	名	tiānqì yùbào	天気予報
⑬	要	助动	yào	…しそうだ
⑭	下雪	组	xià xuě	雪が降る
⑮	可以	助动	kěyǐ	…することができる
⑯	滑雪	动	huá//xuě	スキーをする

第 11 课

下雪比下雨好

A：今天最高气温多少度？
B：十六度，比昨天低了三度。
A：最低气温呢？
B：五度，跟昨天一样。
A：今天很冷吧？
B：我觉得今天没有昨天冷。
A：听天气预报说，明天要下雪。
B：是吗？下雪比下雨好，可以去滑雪了。

第 11 課　雪は雨よりいいです

A：今日は最高気温は何度ですか。
B：16 度です。昨日より 3 度下がりました。
A：最低気温は？
B：5 度です。昨日と同じです。
A：今日は寒いでしょう。
B：今日は昨日ほど寒くないと思います。
A：天気予報によれば，明日は雪が降るそうです。
B：そうですか。雪は雨よりいいですね。スキーに行けますね。

異文化の窓

中国語には日本語の漢字熟語と同じ形をしていて意味の異なるものがあります。例えば "大家 dàjiā" は大家さんのことではなく、「みんな」の意味です。では、"老婆 lǎopo" " 勉强 miǎnqiǎng"" 安静 ānjìng"" 料理 liàolǐ" はそれぞれ何の意味でしょうか。

ポイント

▶ 一、比較の構文(1) AはBより…

今天 比 昨天 低了 三度。
今日は 昨日より 3度 下がりました。

"比"は前置詞で、比較の対象を導く。図式で示すと、次の通りである。

A "比" B ＋ 形容詞・動詞 ＋ その他

1 今天比昨天忙。　　　　　Jīntiān bǐ zuótiān máng.
2 他比我跑得快。　　　　　Tā bǐ wǒ pǎode kuài.

▶ 二、比較の構文(2) AはBと同じ…

今天 跟 昨天 一样 冷。
今日は 昨日と 同じ 寒さです。

"跟"は前置詞で、比較の対象を導く。図式で示すと、次の通りである。

A "跟" B ＋ "一样"・"差不多" ＋ 形容詞

1 这山跟那山一样高。　　　　Zhè shān gēn nà shān yíyàng gāo.
2 你年龄跟我差不多大吧。　　Nǐ niánlíng gēn wǒ chàbuduō dà ba.

▶ 三、比較の構文(3) AはBほど…ない

今天 没有 昨天 冷。
今日は 昨日ほど 寒くない。

"没有"は動詞で、AがBの程度に達していないことを表す。図式で示すと、次の通りである。

A ＋"没有"＋B ＋ 形容詞

1 我发音没有她好。　　　　　Wǒ fāyīn méiyǒu tā hǎo.
2 十月没有九月热了。　　　　Shíyuè méiyǒu jiǔyuè rè le.

四、听…说　　…によれば…だそうだ

> 听天气预报说，明天要下雪。
> 天気予報に よれば、明日は 雪が 降るそうです。

☞動詞"听说" p.67　四

情報源を明らかにしない"听说"と違って、"听…说"の表現は情報源を明確にして伝聞を表す。情報源は"听…说"の間に置く。

1　听小王说，他买了电脑。　　Tīng Xiǎo Wáng shuō, tā mǎile diànnǎo.
2　听田中说，伊藤病了。　　　Tīng Tiánzhōng shuō, Yīténg bìng le.

五、助動詞"要"　　…するだろう　…しそうだ

> 明天要下雪。
> 明日は 雪が 降りそうです。

☞助動詞"要" p.73　五

助動詞"要"は意志や義務のほかに可能性を表すことができる。文末にしばしば語気助詞"了"を置く。反復疑問文には"要不要"ではなく"是不是要"の形をとる(例2)。

1　看样子要下雨了。　　　　　Kàn yàngzi yào xiàyǔ le.
2　田中是不是要回国了？　　　Tiánzhōng shì bu shì yào huí guó le?

六、助動詞"可以"　　…できる　…してもよい

> 可以去滑雪了。
> スキーに 行けますね。

☞助動詞"能""会" p.90　一

助動詞"可以"は動詞の前に置いて可能や許可を表す。本課では可能を表す。可能に対する否定の表現には"不行"を用い、禁止の意味の"不可以"を用いてはならない(例1)。許可に対する否定の表現には"不能"や"不行"のほかに"不可以"を用いてもよい(例2)。"可以不可以"または"可不可以"の形で反復疑問を表す(例2)。

1　你可以背这篇课文了吗？　　Nǐ kěyǐ bèi zhè piān kèwén le ma?
　　—还不行。　　　　　　　—Hái bù xíng.
2　这儿可不可以抽烟？　　　　Zhèr kě bu kěyǐ chōuyān?
　　—不可以，那儿可以。　　—Bù kěyǐ, Nàr kěyǐ.

トレーニング

■□ 一、文型練習

1. 这山比那山高。

今天	jīntiān	昨天	zuótiān	热	rè
哥哥	gēge	弟弟	dìdi	高	gāo
苹果	píngguǒ	香蕉	xiāngjiāo	贵	guì
这个	zhège	那个	nàge	好	hǎo
汉语	Hànyǔ	英语	Yīngyǔ	难	nán

2. 这山跟那山一样高。

今天	jīntiān	昨天	zuótiān	热	rè
哥哥	gēge	弟弟	dìdi	高	gāo
苹果	píngguǒ	香蕉	xiāngjiāo	贵	guì
这个	zhège	那个	nàge	好	hǎo
汉语	Hànyǔ	英语	Yīngyǔ	难	nán

3. 这山没有那山高。

今天	jīntiān	昨天	zuótiān	热	rè
哥哥	gēge	弟弟	dìdi	高	gāo
苹果	píngguǒ	香蕉	xiāngjiāo	贵	guì
这个	zhège	那个	nàge	好	hǎo
汉语	Hànyǔ	英语	Yīngyǔ	难	nán

第 11 课

■□ 二、音声を聞きながらピンインを漢字に、漢字をピンインに直しなさい。

1　gāo　　（　　　）　6　觉得　　（　　　　　）
2　dī　　（　　　）　7　一样　　（　　　　　）
3　zuì　　（　　　）　8　气温　　（　　　　　）
4　lěng　　（　　　）　9　预报　　（　　　　　）
5　bǐ　　（　　　）　10　滑雪　　（　　　　　）

■□ 三、次の文の空欄に最も適切な言葉を入れて、文を完成させなさい。

1　你的发音（　　）我的好。　　（1 和　2 比　3 一样）
2　今天（　　）昨天一样热。　　（1 比　2 跟　3 没有）
3　看天气，明天（　　）下雨。　　（1 要　2 想　3 得）
4　这儿（　　）抽烟吗？　　（1 和　2 想　3 可以）

■□ 四、日本語を参考に、次の言葉を並べ替えて、正しい文を作りなさい。

1　今日は昨日より寒いと思います。
　　［我　今天　昨天　冷　比　觉得］

2　天気予報によると、明日は雪が降るそうです。
　　［天气预报　听说　明天　雪　下　要］

3　李さんは明日帰ってくるでしょうか。
　　［小李　要　是不是　来　回　了　明天］

4　今日は最高気温が昨日より3度上がりました。
　　［今天　最高气温　昨天　比　三度　高　了］

12 Dì shí'èr kè

Nǐ néng jiāo wǒ Hànyǔ ma ?

A : Nǐ néng jiāo wǒ Hànyǔ ma ?

B : Kěyǐ . Dànshì yǒu yí ge tiáojiàn .

A : Shénme tiáojiàn ?

B : Nǐ yào jiāo wǒ Rìyǔ .

A : Méi wèntí .

A : Nǐ huì bu huì shuō Hànyǔ ?

B : Huì yìdiǎnr, shuōde bú tài hǎo .

A : Bié kèqi ! Wǒmen yòng Hànyǔ jiāotán ba .

B : Shìshi ba .

＜新しいことば＞

①	能	助动	néng	…することができる
②	教	动	jiāo	教える
③	但是	连	dànshì	しかし
④	条件	名	tiáojiàn	条件
⑤	日语	名	Rìyǔ	日本語
⑥	问题	名	wèntí	問題
⑦	会	助动	huì	…することができる
⑧	一点儿	量	yìdiǎnr	少し、ちょっと
⑨	别	副	bié	…するな
⑩	客气	动	kèqi	気を使う、遠慮する
⑪	用	动	yòng	用いる
⑫	交谈	动	jiāotán	語り合う、話し合う
⑬	试	动	shì	試す、試みる

第 12 课　你能教我汉语吗？

A：你能教我汉语吗？
B：可以。但是有一个条件。
A：什么条件？
B：你要教我日语。
A：没问题。

A：你会不会说汉语？
B：会一点儿，说得不太好。
A：别客气！我们用汉语交谈吧。
B：试试吧。

第12課　わたしに中国語を教えてくれますか

A：わたしに中国語を教えてくれますか。
B：いいですよ。しかし条件があります。
A：どんな条件ですか。
B：わたしに日本語を教えてくれなければなりません。
A：問題ありません。

A：あなたは中国語が話せますか。
B：ちょっとできますが、あまりうまくありません。
A：遠慮しないで。中国語で話をしましょう。
B：やってみましょう。

異文化の窓

中国語の漢字は基本的に1文字1音ですが、ごく一部の文字には2つないし3つの発音があります。例えば "长" には "cháng"（長い）と "zhǎng"（成長する）という2つの発音があります。では、"发""重""都""为""乐" にはそれぞれどのような発音があるでしょうか。

ポイント

▶ 一、助動詞 "能" と "会"

> 你 能 教 我 汉语 吗？
> あなたは 私に 中国語を 教えることが できますか？
> 你 会 不 会 说 汉语？
> あなたは 中国語を 話すことができますか？

☞助動詞 "可以" p.85 六

助動詞 "能" と "会" は動詞の前に置いて能力や可能性のあること、上手にできることなどを表す。しかし、"能" と "会" は共通の用法もあれば、共通でない用法もある。否定には "能" と "会" の前に "不" を用いるのが普通である。"能不能"、"会不会" の形で反復疑問を表す。
具体的に言えば、次の場合においては "会" と "能" はどちらも用いられる。

1) 習得した能力を持っていることを表す。　　…することができる

　　1 他会（能）说汉语。　　　　Tā huì (néng) shuō Hànyǔ．
　　2 他会（能）开车。　　　　　Tā huì (néng) kāi chē．

2) 可能性があることを表す。　　　　…するであろう　…するはずだ

　　1 明天会（能）下雨吗？　　　Míngtiān huì (néng) xià yǔ ma？
　　2 他会（能）来吗？　　　　　Tā huì (néng) lái ma？

3) 上手にできることを表す。　　　　…するのが上手である。

　　1 她很会（能）说话。　　　　Tā hěn huì (néng) shuōhuà．
　　2 你真会（能）买东西！　　　Nǐ zhēn huì (néng) mǎi dōngxi！

次の場合においては "能" のみ用いられ、"会" を用いてはならない。

1) 回復された能力を表す。　　　　…することができる

　　1 他的伤好了，能走路了。　　Tā de shāng hǎo le, néng zǒulù le．
　　2 他今天能吃东西了。　　　　Tā jīntiān néng chī dōngxi le．

2) ある段階での能力を表す。　　　　…することができる

　　1 他能用汉语交谈了。　　　　Tā néng yòng Hànyǔ jiāotán le．
　　2 他能连续游一千米了。　　　Tā néng liánxù yóu yì qiān mǐ le．

3)（道理や情況から言って）許されることを表す。　…することができる

　　1 我能抽支烟吗？　　　　　　Wǒ néng chōu zhī yān ma？
　　2 不能做坏事。　　　　　　　Bù néng zuò huàishì．

二、二重目的語文

> 你能教我汉语吗？
> あなたは 私に 中国語を 教えることができますか？

二重目的語文は、動詞が二つの目的語をとる文をさす。目的語①は人称代名詞や人を意味する名詞が用いられ、目的語②は一般名詞や動詞フレーズが用いられる。目的語①と目的語②の前後位置を日本語のように自由に変えることはできない。図式で示すと、次の通りである。

> 主語 ＋ 動詞 ＋ 目的語① ＋ 目的語②

1 我告诉你一个好消息。　　Wǒ gàosu nǐ yí ge hǎo xiāoxi．
2 我教你汉语，你教我日语。　　Wǒ jiāo nǐ Hànyǔ, nǐ jiāo wǒ Rìyǔ．
3 他问你去不去图书馆。　　Tā wèn nǐ qù bu qù túshūguǎn．

三、逆接の接続詞 "但是" しかし

> 但是有一个条件。
> しかし、条件が ひとつ あります。

"但是"は逆接関係の複文における後文の文頭に用いる接続詞である。"但"や"可是 kěshì"も同じ意味である。

1 我想去，但是不能去。　　Wǒ xiǎng qù, dànshì bù néng qù．
2 我能写，但不会说。　　Wǒ néng xiě, dàn bú huì shuō．
3 汉语很难，可是我要学会它。　　Hànyǔ hěn nán, kěshì wǒ yào xuéhuì tā．

四、副詞 "别" …するな、…するに及ばない

副詞"别"は、動詞の前に用い、禁止（＝不要）や必要がないこと（＝不用）などを表す。

1 明天别迟到啊！　　Míngtiān bié chídào a！
2 他来了，你就别去了。　　Tā lái le, nǐ jiù bié qù le．

Dì shí'èr kè

トレーニング

■□ 一、文型練習

1. A：你能教我汉语吗？
   B：可以。但是你要教我日语。

英语	Yīngyǔ
法语	Fǎyǔ
德语	Déyǔ
俄语	Éyǔ
韩语	Hányǔ

2. A：你会不会说汉语？
   B：会一点儿，但说得不太好。

打篮球	dǎ lánqiú
踢足球	tī zúqiú
弹钢琴	tán gāngqín
拉小提琴	lā xiǎotíqín
唱中文歌	chàng Zhōngwéngē

3. A：你会开车吗？
   B：会开，但今天喝酒了，不能开。

骑摩托车	qí mótuōchē
骑马	qí mǎ
滑雪	huáxuě
溜冰	liūbīng
游泳	yóuyǒng

第 12 课

■□ 二、音声を聞きながらピンインを漢字に、漢字をピンインに直しなさい。

1 tiáojiàn （　　　　）　　6 能 （　　　　）

2 wèntí （　　　　）　　7 会 （　　　　）

3 kèqi （　　　　）　　8 别 （　　　　）

4 jiāotán （　　　　）　　9 教 （　　　　）

5 yìdiǎnr （　　　　）　　10 试 （　　　　）

■□ 三、次の文の空欄に最も適切な言葉を入れて、文を完成させなさい。

1 A：你能教我英语吗？
　 B：（　　　　　）。　　（1 没问题　2 没关系　3 对不起）

2 A：你会不会说汉语？
　 B：（　　　　　）。　　（1 不容易　2 会一点儿　3 一点儿会）

3 A：我汉语说得不太好。
　 B：（　　　　　）。　　（1 别客气　2 怪不得　3 不客气）

■□ 四、日本語を参考に、次の言葉を並べ替えて、正しい文を作りなさい。

1 わたしに中国語を教えてくれませんか。
　［你　我　汉语　教　能　吗］

2 では、中国語で話しましょう。
　［那　我们　交谈　汉语　用　吧］

3 君に聞きたいことがあります。
　［我　一件　你　事　想　问］

4 今日は体調が悪いので、運転できません。
　［今天　身体　好　不　开车　能　不］

13 Dì shísān kè

Ràng nǐ jiǔ děng le

A : Duìbuqǐ, ràng nǐ jiǔděng le.

B : Méi shénme, wǒ yě gāng dàole yíhuìr.

A : Diànyǐng jǐ diǎn dào jǐ diǎn?

B : Cóng liù diǎn dào bā diǎn.

A : Diànyǐngyuàn lí zhèr yuǎnbuyuǎn?

B : Bǐjiào yuǎn, zǒu dehuà yào èrshí fēnzhōng.

A : Shì ma? Nà zánmen dǎdī qù ba.

B : Wǒ suíbiàn.

＜新しいことば＞

①	让	动	ràng	…させる、譲る
②	久等	动	jiǔděng	長く待つ
③	刚	副	gāng	…したばかりである
④	到	动	dào	着く
⑤	一会儿	量	yíhuìr	（時間的）少し
⑥	从	介	cóng	…から
⑦	到	介	dào	…まで
⑧	电影院	名	diànyǐngyuàn	映画館
⑨	离	介	lí	…から、…まで
⑩	远	形	yuǎn	遠い
⑪	比较	副	bǐjiào	比較的に、割に
⑫	走	动	zǒu	歩く
⑬	的话	助	dehuà	…ということならば
⑭	要	动	yào	（時間やお金が）かかる
⑮	分钟	量	fēnzhōng	分、分間
⑯	咱们	代	zánmen	（会話の双方を含む）我々
⑰	打的	动	dǎ//dī	タクシーに乗る
⑱	随便	动	suí//biàn	都合の良いようにする

第13课

让你久等了

A：对不起，让你久等了。
B：没什么，我也刚到了一会儿。
A：电影几点到几点？
B：从六点到八点。
A：电影院离这儿远不远？
B：比较远，走的话要二十分钟。
A：是吗？那咱们打的去吧。
B：我随便。

第13課　お待たせしました

A：すみません、だいぶお待たせしました。
B：いいえ、わたしも着いたばかりです。
A：映画は何時から何時までですか。
B：6時から8時までです。
A：映画館はここから遠いですか。
B：ちょっと遠いです。歩いて２０分もかかります。
A：そうですか。それではタクシーで行きましょう。
B：いいでしょう（ご都合に合わせます）。

異文化の窓

十二生肖は十二支に鼠 shǔ・牛 niú・虎 hǔ・兔 tù・龙 lóng・蛇 shé・马 mǎ・羊 yáng・猴 hóu・鸡 jī・狗 gǒu・猪 zhū の十二の動物を当てたものです。紀元前の秦の時代には既に成立していたそうです。では、なぜ猫はそれに入ることができなかったのでしょうか。

ポイント

▶ 一、使役文（兼語式文）　…は…に（を）…せる・させる

> 让 你 久等 了。
> だいぶお待たせしました。

上の文は意味上では次の構造になっている。

> （我）　　让　　　你
> 　　　 使役動詞　目的語
> 　　　　　　　　你　　　　久等　　　了。
> 　　　　　　　　主語　　　動詞

つまり、"你"という語は使役動詞"让"の目的語であると同時に、動詞"久等"の主語でもある。こうした文を兼語式文という。"兼語"の前に用いる動詞は必ず使役の意味を持つ動詞でなければならない。使役動詞には主に"让、使、叫"などがある。否定の表現には"不"、"没"を使役動詞の前に置くのが普通である（例3）。使役文の構造を図式で示すと、次の通りである。

> 主語　＋　"让（使、叫）"　＋　兼語　＋　動詞　＋　その他

　１　让我看看那张照片儿。Ràng wǒ kànkan nà zhāng zhàopiānr.
　２　她的话使我很感动。　Tā de huà shǐ wǒ hěn gǎndòng.
　３　父亲没叫哥哥去留学。Fùqin méi jiào gēge qù liúxué.

▶ 二、副詞 " 刚 "　…したばかりである

> 我 也 刚 到了 一会儿。
> 私も 着いたばかりです。

副詞"刚"は動詞または少数の変化の意味を持つ形容詞の前に置いて、動作や状態が発生・完了して間もないことを表す。

　１　他不在，刚出去。　　　Tā bú zài, gāng chūqu.
　２　今天的课刚上完。　　　Jīntiān de kè gāng shàngwán.
　３　你病刚好，还要休息。　Nǐ bìng gāng hǎo, hái yào xiūxi.

三、前置詞 "从…到…"　…から…まで

```
从六点到八点。
　6時から8時までです。
```

前置詞 "从" は場所や時間の起点を表し、"到" は場所や時間の終点を表す。

1　我们从东京出发。　　　　　　Wǒmen cóng Dōngjīng chūfā.
2　会议从下午一点开始。　　　　Huìyì cóng xiàwǔ yī diǎn kāishǐ.
3　到北京要几个小时？　　　　　Dào Běijīng yào jǐ ge xiǎoshí?
4　从东京到上海要三个小时。　　Cóng Dōngjīng dào Shànghǎi yào sān ge xiǎoshí.

四、前置詞 "离"　　…から、…まで

```
电影院 离 这儿 远不远？
　映画館は ここから 遠いですか？
```

前置詞 "离" は、2点間の空間的距離、または時間的距離を表す。空間の場合は「から」(例1、2)、時間の場合は「まで」(例3、4) の意味である。前置詞 "从""到" との違いに注意しなければならない。

1　学校离车站很近。　　　　　　Xuéxiào lí chēzhàn hěn jìn.
2　你家离便利店远不远？　　　　Nǐ jiā lí biànlìdiàn yuǎn bu yuǎn?
3　现在离考试只有一个月了。　　Xiànzài lí kǎoshì zhǐ yǒu yí ge yuè le.
4　离起飞还有两个小时呢。　　　Lí qǐfēi hái yǒu liǎng ge xiǎoshí ne.

五、助詞 "…的话"　　…ということなら

```
走 的话 要 二十 分钟。
　歩くなら、20分もかかります。
```

"的话" は助詞で、仮定関係を表す複文の前文の文末につけて、後文を引き出す。"如果…的话" の形でも同じ意味である。

1　下雨的话，运动会就延期。　　　Xiàyǔ dehuà, yùndònghuì jiù yánqī.
2　如果你去的话，我就不用去了。　Rúguǒ nǐ qù dehuà, wǒ jiù búyòng qù le.

トレーニング

■□ 一、文型練習

1. A：对不起，让你久等了。
   B：没什么。

失望	shīwàng
为难	wéinán
受累	shòulèi
着急	zháojí
破费	pòfèi

2. A：电影几点到几点？
   B：从六点到八点。

会议	huìyì
宴会	yànhuì
舞会	wǔhuì
音乐会	yīnyuèhuì
棒球比赛	bàngqiú bǐsài

3. A：你家离车站远不远？
   B：比较远，走的话要二十分钟。

邮局	yóujú
银行	yínháng
超市	chāoshì
理发店	lǐfàdiàn
便利店	biànlìdiàn

第 13 课

■□ 二、音声を聞きながらピンインを漢字に、漢字をピンインに直しなさい。

1　cóng　（　　　　）　6　久等　（　　　　　）
2　dào　（　　　　）　7　的话　（　　　　　）
3　lí　（　　　　）　8　分钟　（　　　　　）
4　ràng　（　　　　）　9　打的　（　　　　　）
5　gāng　（　　　　）　10　一会儿　（　　　　　）

■□ 三、次の文の空欄に最も適切な言葉を入れて、文を完成させなさい。

1　这是谁（　　）你买的？　　　　（1 说　2 想　3 让）
2　你家（　　）学校远吗？　　　　（1 离　2 比　3 从）
3　宴会（　　）六点半开始。　　　（1 到　2 从　3 在）
4　我（　　）吃完饭。　　　　　　（1 在　2 刚　3 太）

■□ 四、日本語を参考に、次の言葉を並べ替えて、正しい文を作りなさい。

1　コンサートは何時から何時までですか。
　　［音乐会　几点　从　几点　到］

2　パスポートを見せてください。
　　［你　护照　的　看看　我　让］

3　期末テストまでまだ1カ月あります。
　　［期末考试　一个月　有　还　离］

4　わたしの家は駅からあまり遠くありません。歩いてほんの5分です。
　　［我家　车站　离　远　不太　走　的话　五分钟　要　只］

14 Dì shísì kè

Yìdiǎnr yě bù téng

A : Nǐ zěnme le ?

B : Yá yǒudiǎnr téng .

A : Ràng wǒ jiǎnchá yíxià, bǎ zuǐ zhāngkāi .
　　Ō, zhùde hěn lìhai, děi bǎ tā bádiào .

B : Bá yá téng bu téng ?

A : Xiān yào mázuì, ránhòu bá yá, yìdiǎnr yě bù téng .

B : (Yá bèi bádiào hòu bù jiǔ) Yīshēng……

A : Zěnme le ?

B : Hǎoxiàng yì kē hǎo yá bèi bádiào le .

＜新しいことば＞

①	怎么了	组	zěnme le	どうしましたか
②	牙	名	yá	歯
③	有点儿	副	yǒudiǎnr	少し、少々
④	疼	形	téng	痛い
⑤	检查	动	jiǎnchá	検査する
⑥	一下	量	yíxià	(動作的)少し
⑦	把	介	bǎ	…を
⑧	嘴	名	zuǐ	口
⑨	张开	动	zhāngkāi	開く、あける
⑩	噢	助	ō	(合点や納得の気持ちを表す) ああ、そうか
⑪	蛀	动	zhù	虫が食う
⑫	厉害	形	lìhai	ひどい
⑬	拔掉	动	bádiào	抜いてしまう
⑭	先	副	xiān	まず、先に
⑮	然后	连	ránhòu	その後、それから
⑯	麻醉	动	mázuì	麻酔する
⑰	被	介	bèi	…に…される
⑱	后	名	hòu	…後
⑲	不久	形	bùjiǔ	まもなく、やがて
⑳	医生	名	yīshēng	お医者さん
㉑	好像	副	hǎoxiàng	…のような気がする
㉒	颗	量	kē	(粒状の物を数える)

第 14 课

一点儿也不疼

A：你怎么了？
B：牙有点儿疼。
A：让我检查一下，把嘴张开。
　　噢，蛀得很厉害，得把它拔掉。
B：拔牙疼不疼？
A：先要麻醉，然后拔牙，一点儿也不疼。
B：（牙被拔掉后不久）医生……
A：怎么了？
B：好像一颗好牙被拔掉了。

第14課　ちっとも痛くありません

A：あなたはどうしましたか。
B：歯がすこし痛いのです。
A：ちょっと検査させて下さい。口を開けてください。
　　ああ、虫歯がひどいです。それを抜かなければなりません。
B：歯を抜くのは痛いですか。
A：先に麻酔をかけてから歯を抜きますので、ちっとも痛くありません。
B：（歯が抜かれてしばらくして）先生……
A：どうしましたか。
B：どうやら虫歯でないほうが抜かれたようです。

異文化の窓

春节 Chūnjié は旧暦の新年、清明节 Qīngmíngjié は4月5日、端午节 Duānwǔjié は旧暦の5月5日、七夕 Qīxī は旧暦の7月7日、中秋节 Zhōngqiūjié は旧暦の8月15日、重阳节 Chóngyángjié は旧暦の9月9日。では、"光棍节 Guānggùnjié" は何月何日でしょうか。

ポイント

▶ 一、処置を表す"把"構文　　…は…を…してしまう

> 把嘴张开。
> 口を あけてください。

前置詞"把"は、動詞述語の目的語をその動詞の前に導いて、その目的語に何らかの処置を加えることを表す。例文の"嘴"は動詞述語"张"の目的語であるが、前置詞"把"によって述語"张"の前に導き出された。処置した結果は動詞述語の後で結果補語や助詞"了"などで表す。例文の"开"は処置した結果を表す結果補語である。否定の表現には普通"不"か"没"を"把"の直前に置く。処置の構文を図式で示すと、次の通りである。

> 主語　+"把"+　処置の対象　+　動詞　+　結果補語など

1 先把作业做完。　　　　　　Xiān bǎ zuòyè zuòwán.
2 我把手机忘在家里了。　　　Wǒ bǎ shǒujī wàng zài jiāli le.
3 你没把这件事告诉他吧？　　Nǐ méi bǎ zhè jiàn shì gàosu tā ba?

▶ 二、受身文　　…は…に…される

> 好像一颗好牙被拔掉了。
> 虫歯でないほうが 抜かれたようです。

前置詞"被"は受身の意味を表し、動作主を導く。ただし、"被"の後に動作主を置かない場合は、"被"を受身の意味を持つ副詞として見る(例2)。また、口語では"让"や"叫"をよく用いる。ただし、"让"や"叫"の場合はその後に必ず動作主を置かなければならない(例3, 4)。受身文の構文を図式で示すと、次の通りである。

> 主語　+"被(让、叫)"　+　動作主　+　動詞　+　その他

1 电脑被弟弟弄坏了。　　　　Diànnǎo bèi dìdi nònghuài le.
2 她被评为优秀运动员。　　　Tā bèi píngwéi yōuxiù yùndòngyuán.
3 饺子让哥哥全吃光了。　　　Jiǎozi ràng gēge quán chīguāng le.
4 花瓶叫孩子打碎了。　　　　Huāpíng jiào háizi dǎsuì le.

三、"先…然后…"の表現　　まず…それから…

> 先 要 麻醉，然后 拔 牙。
> まず 麻酔を かけて、それから 歯を 抜く。

"先…然后…"の構文は2つの動作の時間的な前後関係を表す。

1　我们先吃饭，然后去买东西。　Wǒmen xiān chīfàn, ránhòu qù mǎi dōngxi.
2　先去北京，然后去西安。　　　Xiān qù Běijīng, ránhòu qù Xī'ān.

四、副詞"有点儿"といろいろな「少し」

> 牙 有点儿 疼。
> 歯が ちょっと 痛いです。

"有点儿"+形容詞・動詞：程度が低いことを表す（例1）。あまり好ましくないことについて用いることが多い。
"一点儿"+名詞：ものの量が多くないことを表す（例2）。
"一点儿也(都)"+否定+形容詞・動詞：「すこしも…ない」ことを表す（例3）。
形容詞・動詞+"一点儿"：程度が低いことを表す（例4）。
形容詞・動詞+"一会儿"：短い時間を表す（例5）。
動詞+"一下"：ある動作をする時間が短いことを表す（例6）。

1　我有点儿发烧。　　　　　　Wǒ yǒudiǎnr fāshāo.
2　这是我的一点儿心意。　　　Zhè shì wǒ de yìdiǎnr xīnyì.
3　这件事我一点儿都不知道。　Zhè jiàn shì wǒ yìdiǎnr dōu bù zhīdao.
4　这个比那个贵一点儿。　　　Zhège bǐ nàge guì yìdiǎnr.
5　我们休息一会儿吧。　　　　Wǒmen xiūxi yíhuìr ba.
6　这件事大家讨论一下吧。　　Zhè jiàn shì dàjiā tǎolùn yíxià ba.

五、副詞"好像"　　…ような気がする、まるで…ようだ

> 好像 一颗 好 牙 被 拔掉 了。
> 虫歯でないほうが 抜かれたようです。

副詞"好像"は動詞・形容詞または主語の前に置く。時には"好像是"(例1)または"好像…一样(似的)"(例2, 3)ともいう。

1　我们好像是在哪儿见过吧。　Wǒmen hǎoxiàng shì zài nǎr jiànguo ba.
2　好像到了自己的家里一样。　Hǎoxiàng dàole zìjǐ de jiāli yíyàng.
3　他那样子好像有病似的。　　Tā nà yàngzi hǎoxiàng yǒu bìng shìde.

Dì shísì kè

トレーニング

■□ 一、文型練習

1. A：你怎么了？
   B：我牙疼。

头晕	tóu yūn
胃疼	wèi téng
肚子疼	dùzi téng
这儿疼	zhèr téng
腿酸	tuǐ suān

2. A：得把蛀牙拔掉。
   B：哦，我知道了。

报告	bàogào	写完	xiěwán
门窗	ménchuāng	关上	guānshàng
饭桌	fànzhuō	收拾一下	shōushi yíxià
垃圾	lājī	扔了	rēngle
借的书	jiè de shū	还了	huánle

3. A：我的电脑被弄坏了。
   B：是吗？是谁弄坏的？

花瓶	huāpíng	打碎	dǎsuì
雨伞	yǔsǎn	拿走	názǒu
自行车	zìxíngchē	骑走	qízǒu
衣服	yīfu	弄脏	nòngzāng
蛋糕	dàngāo	吃掉	chīdiào

第 14 课

■□　二、音声を聞きながらピンインを漢字に、漢字をピンインに直しなさい。

1　yá　　　（　　　　）　6　检查　（　　　　　）

2　téng　 （　　　　）　7　厉害　（　　　　　）

3　zuǐ　　（　　　　）　8　拔掉　（　　　　　）

4　bèi　　（　　　　）　9　医生　（　　　　　）

5　zhù　　（　　　　）　10　好像　（　　　　　）

■□　三、次の文の空欄に最も適切な言葉を入れて、文を完成させなさい。

1　我（　）钱包忘在家里了。　（1 给　　2 把　　3 让）

2　他（　）老师批评了。　　　（1 从　　2 使　　3 被）

3　对不起,（　）您失望了。　（1 被　　2 让　　3 把）

4　我们再等（　　　）吧。　（1 一点儿　2 一会儿　3 有点儿）

■□　四、日本語を参考に、次の言葉を並べ替えて、正しい文を作りなさい。

1　わたしのパソコンは弟に壊されました。
　　［ 我　电脑　的　弟弟　弄坏　被　了 ］

2　まず映画を見て、それから食事をしましょう。
　　［ 先　电影　看　去　然后　饭　吃 ］

3　わたし達はどこかで会ったことがあるような気がします。
　　［ 我们　哪儿　在　见过　似的　好像 ］

4　その事を彼女に伝えましたか。
　　［ 你　那件事　她　把　了　告诉　吗 ］

Dì shíwǔ kè

Zìwǒ jièshào

Dàjiā hǎo! Wǒ jiào Xiǎolín Měijiā, shì Dōngdū dàxué de xuésheng, jīnnián yī niánjí.

Wǒ jiā yǒu sì kǒu rén : Bàba、māma、yí ge dìdi hé wǒ. Bàba zài yínháng gōngzuò, māma shì jiātíng zhǔfù, dìdi shì gāozhōngshēng. Tāmen dōu zài Jiǔzhōu lǎojiā, wǒ yīnwèi shàng dàxué, yí ge rén zài Dōngjīng.

Wǒ cóng sìyuè kāishǐ xuéxí Hànyǔ, dào xiànzài kuài shí ge yuè le. Xīngqīyī hé xīngqīsì dōu yǒu Hànyǔkè. Zhōuyī de lǎoshī shì Rìběnrén, yīnwèi tā zài Zhōngguó liúxuéguo sān nián, suǒyǐ Hànyǔ shuōde hěn piàoliang, tā jiāo wǒmen yǔfǎ .Zhōusì de lǎoshī shì Zhōngguórén, tīngshuō shì cóng Sūzhōu lái de, tā jiāo wǒmen huìhuà.

Wǒ xǐhuan xuéxí Hànyǔ. Jīnnián chūnjià, wǒ dǎsuan qù Zhōngguó duǎnqī liúxué, shùnbiàn qù yóulǎn Wànlǐ chángchéng, pǐncháng běijīng kǎoyā hé zhèngzōng de jiǎozi.

Wǒ de jièshào wán le. Xièxiè dàjiā!

第 15 课

自我介绍

　　大家好！我叫小林美佳，是东都大学的学生，今年一年级。
　　我家有四口人：爸爸、妈妈、一个弟弟和我。爸爸在银行工作，妈妈是家庭主妇，弟弟是高中生。他们都在九州老家，我因为上大学，一个人在东京。
　　我从四月开始学习汉语，到现在快十个月了。星期一和星期四都有汉语课。周一的老师是日本人，因为她在中国留学过三年，所以汉语说得很漂亮，她教我们语法。周四的老师是中国人，听说是从苏州来的，他教我们会话。
　　我喜欢学习汉语。今年春假，我打算去中国短期留学，顺便去游览万里长城，品尝北京烤鸭和正宗的饺子。
　　我的介绍完了。谢谢大家！

異文化の窓

青 qīng、赤 chì、黄 huáng、白 bái、黑 hēi の五色は基本的な色と言われています。中国人は、特に赤（红 hóng）の色が好きです。春節の春聯や新郎新婦の服はみな赤色です。"本命年"（厄年）の人はよく赤色の下着を着用します。それはなぜでしょうか。

Dì shíwǔ kè

<新しいことば>

①	自我介绍	组	zìwǒ jièshào	自己紹介する
②	年级	名	niánjí	学級
③	银行	名	yínháng	銀行
④	家庭主妇	名	jiātíng zhǔfù	専業主婦
⑤	高中生	名	gāozhōngshēng	高校生
⑥	老家	名	lǎojiā	故郷、実家
⑦	上大学	组	shàng dàxué	大学に通う
⑧	开始	动	kāishǐ	開始する、着手する
⑨	快	副	kuài	もうすぐ
⑩	周一	名	zhōuyī	月曜日
⑪	因为	连	yīnwèi	…なので、だから
⑫	所以	连	suǒyǐ	だから、したがって
⑬	语法	名	yǔfǎ	文法
⑭	周四	名	zhōusì	木曜日
⑮	春假	名	chūnjià	春休み
⑯	打算	动	dǎsuan	…する予定である
⑰	短期	形	duǎnqī	短期の
⑱	留学	动	liúxué	留学する
⑲	顺便	副	shùnbiàn	ついでに
⑳	游览	动	yóulǎn	見物する
㉑	万里长城	名	Wànlǐ chángchéng	万里の長城
㉒	品尝	动	pǐncháng	味わう
㉓	北京烤鸭	名	běijīng kǎoyā	北京ダック
㉔	正宗	形	zhèngzōng	本場の

第15課　自己紹介

　こんにちは。私は小林美佳と申します。東都大学の学生で、今年は一年生です。
　我が家は4人家族です。父、母、弟と私です。父は銀行で働き、母は専業主婦で、弟は高校生です。家族はみな故郷九州で暮らし、私は大学に通うため、一人で東京に居ます。
　4月から中国語を勉強し始めてもうすぐ10か月になります。月曜日と木曜日に中国語の授業があります。月曜の先生は日本人で、中国に3年間留学したことがあるので、中国語がとても上手です。彼女は私たちに文法を教えてくれます。木曜の先生は中国人で、蘇州から来たそうで、彼は私たちに会話を教えてくれます。
　私は中国語を勉強することが好きです。今年の春休みに、私は中国へ短期留学に行く予定です。ついでに万里の長城を見物したり、北京ダックや本場のギョウザを味わったりしたいです。
　私の自己紹介は以上です。どうもありがとうございました。

第 15 课

ポイント

▶ 一、"快…了"の表現　　もうすぐ…となる

> 快 十个月 了。
> もうすぐ 10 か月に なります。

副詞"快"と語気助詞"了"からなる。"快"と"了"の間には時間や年齢に関係する名詞、動詞、形容詞を置く。"快要（马上要・就要）…了"も同じ意味である。

1 马上要十二点了。　　　　Mǎshàng yào shí'èr diǎn le．
2 我快要二十岁了。　　　　Wǒ kuàiyào èrshí suì le．
3 看样子就要下雨了。　　　Kànyàngzi jiù yào xià yǔ le．
4 他的病快要好了。　　　　Tā de bìng kuàiyào hǎo le．

▶ 二、"因为…所以…"　　…であるから（ので）

> 因为 她 在 中国 留学过 三 年，所以 汉语 说得 很 漂亮。
> 彼女は 中国で 3 年間 留学したことがあるので、中国語が とても 上手です。

"因为…所以…"は因果関係の複文に用いる接続詞である。"因为"は原因を表し、"所以"は結果を表す。片方だけを用いてもよい（例2, 3）。

1 因为发烧，所以没去学校。　　Yīnwèi fāshāo, suǒyǐ méi qù xuéxiào．
2 他成绩好，所以受到了表扬。Tā chéngjì hǎo, suǒyǐ shòudàole biǎoyáng．
3 因为睡懒觉，我迟到了。　　　Yīnwèi shuì lǎnjiào, wǒ chídào le．

▶ 三、"打算…"　計画、計画する、…するつもりである

> 今年 春假，我 打算 去 中国 短期留学。
> 今年の 春休みに、私は 中国へ 短期留学に 行くつもりです。

"打算"は名詞と動詞の用法がある。名詞としては「計画」「考え」の意味で（例1）、動詞としては「計画する」「考える」（例2）、「…するつもりである」（例3）の意味である。

1 暑假你有什么打算？　　　　Shǔjià nǐ yǒu shénme dǎsuan？
2 这件事要好好儿打算打算。　Zhè jiàn shì yào hǎohāor dǎsuan dǎsuan．
3 我打算明天去看电影。　　　Wǒ dǎsuan míngtiān qù kàn diànyǐng．

Dì shíwǔ kè

トレーニング

■□ 一、文型練習

1. A：你学汉语快十个月了吧？
   B：快十个月了。

饭	fàn	做好	zuòhǎo
钱	qián	花光	huāguāng
作业	zuòyè	做完	zuòwán
爸爸	bàba	回来	huílai
感冒	gǎnmào	好	hǎo

2. A：你怎么没去学校呢？
   B：因为感冒，所以没去。

头疼	tóuténg
头晕	tóu yūn
牙疼	yá téng
有急事	yǒu jíshì
没有课	méiyǒu kè

3. A：暑假你打算干什么？
   B：我打算去中国旅游。

考驾照	kǎo jiàzhào
考托福	kǎo Tuōfú
学攀岩	xué pānyán
学潜水	xué qiánshuǐ
学冲浪	xué chōnglàng

■□ 二、音声を聞きながらピンインを漢字に、漢字をピンインに直しなさい。

1 niánjí   (   )   6   介绍   (   )
2 zhōuyī   (   )   7   主妇   (   )
3 yīnwèi   (   )   8   所以   (   )
4 shùnbiàn (   )   9   打算   (   )
5 chūnjià   (   )   10 游览   (   )

■□ 三、次の文の空欄に最も適切な言葉を入れて、文を完成させなさい。

1 我哥哥快大学毕业（ ）。   （1 吗   2 的   3 了）

2 他经常迟到，（ ）受到了批评。   （1 因为 2 但是 3 所以）

3 我（ ）四月开始学汉语。   （1 从   2 到   3 离）

4 老师的汉语说（ ）很漂亮。   （1 的   2 地   3 得）

■□ 四、日本語を参考に、次の言葉を並べ替えて、正しい文を作りなさい。

1 もうすぐ12時ですので、食事に行きましょう。
   ［十二点　快　了　饭　吃　去　吧］

2 今日は授業がないので、学校に行きません。
   ［课　今天　没有　不　学校　去　所以］

3 春休みになったら、中国に旅行に行きたいです。
   ［春假　放　了　我　中国　旅游　去　想］

4 この週末に何をする予定ですか。
   ［这　周末　个　你　什么　干　打算］

初級中国語基礎文法のまとめ

この付録は、①初級中国語基礎文法のポイントのまとめ、②基本語彙、③連語・熟語・決まり文句の三つの部分に分かれている。期末試験や中国語検定試験の資料にもなるので、活用して欲しい。

ポイント事項	参照項目
名詞文	第2課のポイント一、第3課のポイント一
形容詞述語文	第4課のポイント一
動詞述語文	第1課のポイント二
疑問文の種類	
①一般疑問文	第2課のポイント二
②疑問詞疑問文	第1課のポイント三
③反復疑問文	第2課のポイント三
"是不是""有没有""在不在""去不去""好不好""漂亮不漂亮"のように肯定と否定が続いて並ぶと、反復疑問文になる。	
④選択疑問文	第8課のポイント二
比較の構文	第11課のポイント一、二、三
二重目的文	第12課のポイント二
使役文	第13課のポイント一
処置を表す構文	第14課のポイント一
受身文	第14課のポイント二
伝聞を表す"听说"	第8課のポイント四
伝聞を表す"听…说"	第11課のポイント四
"是…的"の構文	第10課のポイント四
"快…了"の構文	第15課のポイント一
"打算…"の構文	第15課のポイント三
"先…然后…"を使う動作の前後順序を表す構文	第14課のポイント三
"因为…所以…"を使う因果関係の構文	第15課のポイント二
"但是"を使う逆接の構文	第12課のポイント三

動詞 " 是 " の文法機能	
①判断を表す	第 2 課のポイント一
②強調を表す	第 4 課のポイント二
動詞 " 有 " の文法機能	
①所有を表す	第 5 課のポイント一
②存在を表す	第 5 課のポイント二
" 在 " の文法機能	
①存在を表す	第 5 課のポイント三
②動作の場所を表す	第 6 課のポイント四
③動作の進行を表す	第 7 課のポイント一
時刻＋動詞（動作の始まりの時間）	第 9 課のポイント四
動詞 " 去 "	第 6 課のポイント一、二
動詞 " 喜欢 "	第 8 課のポイント三
補語	
①結果補語	第 9 課のポイント一
②方向補語	第 9 課のポイント二
③可能補語	第 9 課のポイント三
④程度補語	第 10 課のポイント一
⑤時量補語	第 10 課のポイント二
⑥動量補語	第 10 課のポイント三
助動詞 " 想 "	第 8 課のポイント一
助動詞 " 得 "	第 7 課のポイント五
助動詞 " 要 "	
①必要や義務を表す	第 9 課のポイント五
②可能性を表す	第 11 課のポイント五
助動詞 " 可以 "	第 11 課のポイント六
助動詞 " 会 "	第 12 課のポイント一
助動詞 " 能 "	第 12 課のポイント一
人称代名詞	発音Ⅳの五

物をさす指示代名詞	発音Ⅳの五
疑問代名詞 "多少"	第 4 課のポイント六
疑問代名詞 "怎么"	第 10 課のポイント五
助数詞	第 4 課のポイント三
副詞 "有点儿" といろいろな「少し」	第 14 課のポイント四
副詞 "也" と "都"	第 2 課のポイント四
副詞 "太" と "不太"	第 4 課のポイント四
副詞 "别"	第 12 課のポイント四
副詞 "刚"	第 13 課のポイント二
副詞 "好像"	第 14 課のポイント五
前置詞 "给"	第 7 課のポイント四
前置詞 "从…到…"	第 13 課のポイント三
前置詞 "离"	第 13 課のポイント四
動態助詞 "着"（動作の進行・状態の持続）	第 7 課のポイント二、三
動態助詞 "了"（動作の完了・実現）	第 6 課のポイント三
動態助詞 "过"（経験）	第 8 課のポイント五
語気助詞 "了"	第 7 課のポイント六
語気助詞 "吧"	第 4 課のポイント五
語気助詞 "呢"	第 1 課のポイント四
仮定関係を表す助詞 "…的话"	第 13 課のポイント五
助詞 "的"	第 2 課のポイント五
数の言い方	第 3 課のポイント二
年の言い方	第 3 課のポイント三
月の言い方	第 3 課のポイント四
日の言い方	第 3 課のポイント五
時の言い方	第 3 課のポイント六
曜日の言い方	第 3 課のポイント七
名前の尋ね方と答え方	第 1 課のポイント一
中国の貨幣の言い方	第 4 課のポイント七

基 本 語 彙

　本テキストの各課の単語はみな基本語彙である。ここには特に常用の助数詞・疑問詞・副詞・前置詞を並べている。

▶ ①助数詞（量詞）

个	ge	（人や果物）	一个人买了两个西瓜。
本	běn	（本や雑誌）	买了两本书，一本杂志。
张	zhāng	（紙やテーブル）	去邮局买了几张邮票。
枚	méi	（メダルや徽章）	他得了一枚金牌。
件	jiàn	（上衣や用件）	我有一件事。两件新衣服
条	tiáo	（ズボンや道や河）	三条裤子。一条大河。
间	jiān	（部屋）	我家有三间房间，一间客厅。
层	céng	（階）	三层楼房
包	bāo	（包んだ物）	我买了一包糖果。
杯	bēi	（コーヒーやジュース）	我要一杯咖啡。
对	duì	（対になる物や人）	一对新婚夫妇
节	jié	（区切られた物）	今天有三节课。
口	kǒu	（家族の総人数）	我家有五口人。
只	zhī	（動物や対になっている物の片方）	人人都有两只手。
座	zuò	（建物や銅像や仏像）	一座楼房。一座大桥。
遍	biàn	（動作の回数）	课文读了三遍了。
次	cì	（動作の回数）	我去过三次中国。

▶ ②疑問詞

谁	shuí/shéi	だれ	谁的书？
几	jǐ	いくつ	几本书？
多少	duōshao	どれくらい	多少钱？
多大	duōdà	どのくらい	你多大？
什么	shénme	なに、なんの	有什么事？
什么时候	shénme shíhou	いつ	你什么时候回家？
怎么	zěnme	どう、どのように	去车站怎么走？
怎么样	zěnmeyàng	どうですか	你身体怎么样？
哪个	nǎge	どの、どれ	哪个人？
哪儿	nǎr	どこ	你去哪儿？
哪里	nǎli	どこ	你去哪里？

▶ ③副詞

不	bù	…(し)ない	我不去。/ 老师不在研究室。
没	méi	…ない・いない	我没有妹妹。
也	yě	…も	我也是大学生。
都	dōu	いずれも・みな・全部	我们都是大学生。
还	hái	まだ・また・まずまず	老师还没来。/ 时间还早。
又	yòu	また	你又迟到了？
再	zài	再び・もっと	请再喝一杯。
		二度と…(しない)	不要再迟到了。
很	hěn	とても	她的发音很好。
非常	fēicháng	非常に	他学习非常认真。
只	zhǐ	ただ…だけ	我只有五元钱了。
最	zuì	最も・一番	他的成绩班上最好。

▶ ④前置詞（介詞）

从	cóng	…から	場所・時間の起点を表す	从东京到北京。
到	dào	…まで	場所・時間の終点を表す	从早上到晚上。
离	lí	…から，まで	2点間の距離や時間を表す	我家离车站很远。
在	zài	…で	動作の場所や時間を表す	她在图书馆看书。
给	gěi	…に	動作の対象を表す	我给朋友打电话。
比	bǐ	…より	比較を表す	我比他大一岁。
跟	gēn	…と	比較を表す	我跟她同年。
和	hé	…と	比較を表す	我和姐姐一样高。
把	bǎ	…を	目的語をどう処置するかを表す	我把信寄出去了。
被	bèi	…に…される	受け身文の動作主を表す	他又被（老师）批评了。
让	ràng	…に…される	受け身文の動作主を表す	他又让老师批评了。
叫	jiào	…に…される	受け身文の動作主を表す	电脑叫弟弟弄坏了。
使	shǐ	…に…させる	使役を表す	她使我很伤心。

連語・熟語・決まり文句

您贵姓？	Nín guìxìng？	お名前は何とおっしゃいますか。
你叫什么名字？	Nǐ jiào shénme míngzi？	名前は何ですか。
初次见面。	Chū cì jiànmiàn．	初めまして。
请多关照。	Qǐng duō guānzhào．	どうぞ宜しくお願いします。
你好！	Nǐ hǎo！	こんにちは。
您好！	Nín hǎo！	こんにちは。
你们好！	Nǐmen hǎo！	みなさん、こんにちは。
请进！	Qǐng jìn！	どうぞお入りください。
请坐！	Qǐng zuò！	どうぞお掛けください。
请喝茶！	Qǐng hē chá！	お茶をどうぞ。
请喝咖啡！	Qǐng hē kāfēi！	コーヒーをどうぞ。
请问。	Qǐngwèn．	お尋ねします。
劳驾。	Láojià．	すみません。
你早！	Nǐ zǎo！	おはよう。
早上好！	Zǎoshang hǎo！	お早うございます。
晚上好！	Wǎnshang hǎo！	こんばんは。
睡吧。	Shuì ba．	寝なさい。／寝ましょう。
晚安！	Wǎn'ān！	お休みなさい。
新年好！	Xīnnián hǎo！	明けましておめでとうございます。
谢谢。	Xièxie．	ありがとう。
多谢，多谢！	Duōxiè, duōxiè！	ありがとう。
不谢。	Bú xiè．	どういたしまして。
哪里，哪里！	Nǎli, nǎli！	いやいや（どういたしまして）。
哪儿的话。	Nǎr de huà．	いやいや（どういたしまして）。
欢迎！欢迎！	Huānyíng!Huānyíng！	ようこそ。
欢迎您！	Huānyíng nín!	ようこそ。
好久不见了。	Hǎojiǔ bú jiàn le．	お久しぶりです。
你好吗？	Nǐ hǎo ma？	お元気ですか。
再见！	Zài jiàn！	さようなら。
明天见！	Míngtiān jiàn！	また明日。
回头见！	Huítóu jiàn！	またあとで。
请等一下。	Qǐng děng yíxià．	少々お待ちください。

让你久等了。	Ràng nǐ jiǔděng le.	お待たせいたしました。
对不起！	Duìbuqǐ!	すみません。
请原谅！	Qǐng yuánliàng!	お許し下さい。
很抱歉。	Hěn bàoqiàn.	申し訳ございません。
没关系。	Méi guānxi.	かまいません。／大丈夫です。
没事儿。	Méi shìr.	かまいません。／大丈夫です。
很有意思。	Hěn yǒu yìsi.	とても面白い。
没意思。	Méi yìsi.	面白くない。
好意思。	Hǎo yìsi.	厚かましい。／平気である。
不好意思。	Bù hǎo yìsi.	恥ずかしい。／申し訳ない。
知道吗？	Zhīdào ma?	知っていますか。
不知道。	Bù zhīdao.	知りません。
差不多。	Chàbuduō.	だいたい／およそ／大差がない
差得远呢。	Chàde yuǎn ne.	まだまだです。
来得及。	Láidejí.	（時間的に）間に合う。
来不及。	Láibují.	（時間的に）間に合わない。
来得巧。	Láideqiǎo.	ちょうどいい時に来た。
真不巧。	Zhēn bù qiǎo.	あいにく。
多少钱？	Duōshao qián?	いくらですか。
别客气！	Bié kèqi!	ご遠慮なく。
不客气。	Bú kèqi.	どうぞお構いなく。
要紧吗？	Yàojǐn ma?	（病気や怪我が）重いですか。
不要紧。	Bú yàojǐn.	大丈夫です。
怎么了？	Zěnme le?	どうしたの。
没什么。	Méi shénme.	かまいません。／なんでもない。
（你）辛苦了。	(Nǐ) Xīnkǔ le.	ご苦労様でした。
打扰（您）了。	Dǎrǎo (nín) le.	お邪魔しました。
打搅（您）了。	Dǎjiǎo (nín) le.	お邪魔しました。
麻烦（您）了。	Máfan (nín) le.	お手数をおかけしました。
让你费心了。	Ràng nǐ fèixīn le.	ご心配をおかけしました。
拜托您了。	Bàituō nín le.	お願いします。
彼此彼此。	Bǐcǐbǐcǐ.	お互いさまです。
一路平安！	Yílù píng'ān!	道中ご無事で。
不舒服。	Bù shūfu.	（体の）調子がわるい。

怎么办？	Zěnme bàn？	どうしよう。
别担心。	Bié dānxīn．	心配しないで。
别害怕。	Bié hàipà．	恐がらないで。
没问题。	Méi wèntí．	問題ない。／かまいません。
没空儿。	Méi kòngr．	暇がない。
没时间。	Méi shíjiān．	時間がない。／暇がない。
走吧！	Zǒu ba！	行きましょう。／行きなさい。
我该走了。	Wǒ gāi zǒu le．	そろそろ失礼します。
该告辞了。	Gāi gàocí le．	そろそろ失礼します。
我先走了。	Wǒ xiān zǒu le．	お先に失礼します。
走好！	Zǒu hǎo！	気をつけて（お帰りください）。
慢走！	Màn zǒu！	気を付けて（お帰りください）。
送送你。	Sòngsong nǐ．	お見送りします。
别送了。	Bié sòng le．	お見送りにはおよびません。
请留步。	Qǐng liúbù．	お見送りにはおよびません。
请回吧。	Qǐng huí ba．	お見送りにはおよびません。
是。	Shì．	そうです。／はい。
是的。	Shì de．	そうです。
不是。	Bú shì．	違います。／いいえ。
可不是嘛！	Kě bú shì ma！	その通りです。
对。	Duì．	そうです。
不对。	Bú duì．	違います。
对了。	Duì le．	そうそう。／そうです。
行吗？	Xíng ma？	よろしいですか。
不行。	Bù xíng．	だめです。
怎么样？	Zěnmeyàng？	いかがですか。
还可以。	Hái kěyǐ．	まあまあです。
不错。	Bú zuò．	わるくはない。／そのとおりです。
没错儿。	Méi cuòr．	そのとおりです。
挺好的。	Tǐng hǎo de．	とてもいいです。
你真了不起！	Nǐ zhēn liǎobuqǐ！	あなたは本当にすごいです。
恭喜！恭喜！	Gōngxǐ！Gōngxǐ！	おめでとうございます。
祝贺您！	Zhùhè nín！	おめでとうございます。

ふろく

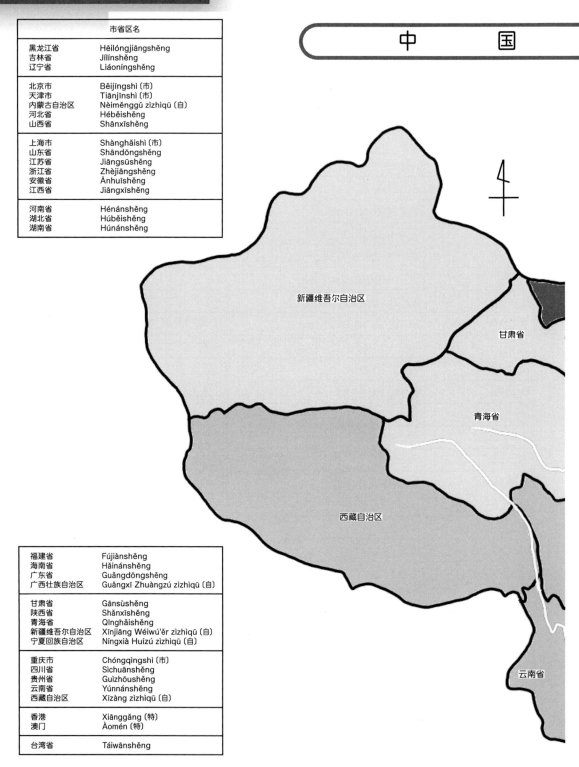

中国

市省区名	
黑龙江省	Hēilóngjiāngshěng
吉林省	Jílínshěng
辽宁省	Liáoníngshěng
北京市	Běijīngshì〔市〕
天津市	Tiānjīnshì〔市〕
内蒙古自治区	Nèiměnggǔ zìzhìqū〔自〕
河北省	Héběishěng
山西省	Shānxīshěng
上海市	Shànghǎishì〔市〕
山东省	Shāndōngshěng
江苏省	Jiāngsūshěng
浙江省	Zhèjiāngshěng
安徽省	Ānhuīshěng
江西省	Jiāngxīshěng
河南省	Hénánshěng
湖北省	Húběishěng
湖南省	Húnánshěng
福建省	Fújiànshěng
海南省	Hǎinánshěng
广东省	Guǎngdōngshěng
广西壮族自治区	Guǎngxī Zhuàngzú zìzhìqū〔自〕
甘肃省	Gānsùshěng
陕西省	Shǎnxīshěng
青海省	Qīnghǎishěng
新疆维吾尔自治区	Xīnjiāng Wéiwú'ěr zìzhìqū〔自〕
宁夏回族自治区	Níngxià Huízú zìzhìqū〔自〕
重庆市	Chóngqìngshì〔市〕
四川省	Sìchuānshěng
贵州省	Guìzhōushěng
云南省	Yúnnánshěng
西藏自治区	Xīzàng zìzhìqū〔自〕
香港	Xiānggǎng〔特〕
澳门	Àomén〔特〕
台湾省	Táiwānshěng

※〔市〕＝ 直辖市 zhíxiáshì
　〔自〕＝ 自治区 zìzhìqū
　〔特〕＝ 特别行政区 tèbié xíngzhèngqū
　台湾は、中国では台湾省としている。

全 図

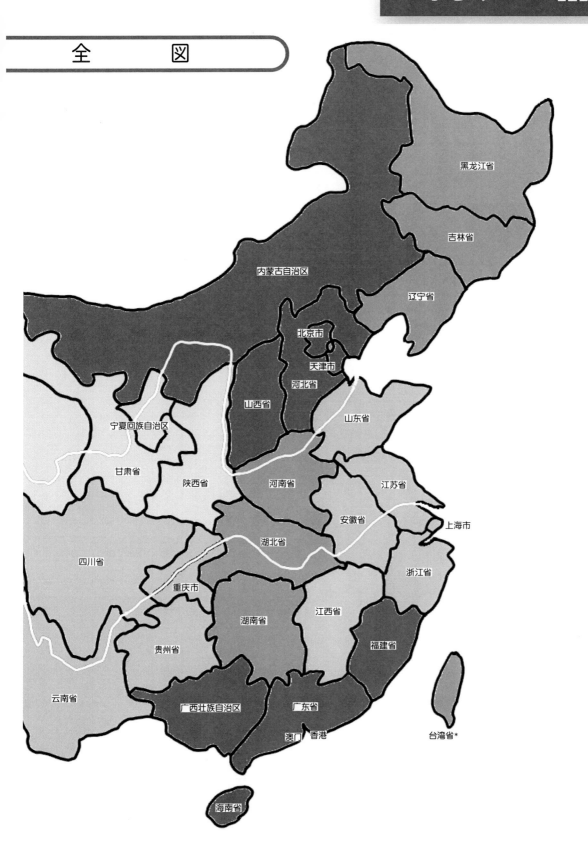

中国語

	a	o	e	er	ai	ei	ao	ou	an	en	ang	eng	i	ia	ie	iao	iu (iou)
	a	o	e	er	ai	ei	ao	ou	an	en	ang	eng	yi	ya	ye	yao	you
b	ba	bo			bai	bei	bao		ban	ben	bang	beng	bi		bie	biao	
p	pa	po			pai	pei	pao	pou	pan	pen	pang	peng	pi		pie	piao	
m	ma	mo	me		mai	mei	mao	mou	man	men	mang	meng	mi		mie	miao	miu
f	fa	fo				fei		fou	fan	fen	fang	feng					
d	da		de		dai	dei	dao	dou	dan	den	dang	deng	di	dia	die	diao	diu
t	ta		te		tai		tao	tou	tan		tang	teng	ti		tie	tiao	
n	na		ne		nai	nei	nao	nou	nan	nen	nang	neng	ni		nie	niao	niu
l	la	lo	le		lai	lei	lao	lou	lan		lang	leng	li	lia	lie	liao	liu
g	ga		ge		gai	gei	gao	gou	gan	gen	gang	geng					
k	ka		ke		kai	kei	kao	kou	kan	ken	kang	keng					
h	ha		he		hai	hei	hao	hou	han	hen	hang	heng					
j													ji	jia	jie	jiao	jiu
q													qi	qia	qie	qiao	qiu
x													xi	xia	xie	xiao	xiu
zh	zha		zhe		zhai	zhei	zhao	zhou	zhan	zhen	zhang	zheng	zhi				
ch	cha		che		chai		chao	chou	chan	chen	chang	cheng	chi				
sh	sha		she		shai	shei	shao	shou	shan	shen	shang	sheng	shi				
r			re				rao	rou	ran	ren	rang	reng	ri				
z	za		ze		zai	zei	zao	zou	zan	zen	zang	zeng	zi				
c	ca		ce		cai		cao	cou	can	cen	cang	ceng	ci				
s	sa		se		sai		sao	sou	san	sen	sang	seng	si				

音節表

ian	iang	in	ing	u	ua	uo	uai	ui (uei)	uan	un (uen)	uang	ong (ueng)	ü	üe	ün	üan	iong (üeng)
yan	yang	yin	ying	wu	wa	wo	wai	wei	wan	wen	wang	weng	yu	yue	yun	yuan	yong
bian		bin	bing	bu													
pian		pin	ping	pu													
mian		min	ming	mu													
				fu													
dian			ding	du		duo		dui	duan	dun		dong					
tian			ting	tu		tuo		tui	tuan	tun		tong					
nian	niang	nin	ning	nu		nuo			nuan			nong	nü	nüe			
lian	liang	lin	ling	lu		luo			luan	lun		long	lü	lüe			
				gu	gua	guo	guai	gui	guan	gun	guang	gong					
				ku	kua	kuo	kuai	kui	kuan	kun	kuang	kong					
				hu	hua	huo	huai	hui	huan	hun	huang	hong					
jian	jiang	jin	jing										ju	jue	jun	juan	jiong
qian	qiang	qin	qing										qu	que	qun	quan	qiong
xian	xiang	xin	xing										xu	xue	xun	xuan	xiong
				zhu	zhua	zhuo	zhuai	zhui	zhuan	zhun	zhuang	zhong					
				chu	chua	chuo	chuai	chui	chuan	chun	chuang	chong					
				shu	shua	shuo	shuai	shui	shuan	shun	shuang						
				ru	rua	ruo		rui	ruan	run		rong					
				zu		zuo		zui	zuan	zun		zong					
				cu		cuo		cui	cuan	cun		cong					
				su		suo		sui	suan	sun		song					

漢詩 2 首（诗 二 首）

登鹳雀楼（王之涣） 鹳鹊楼に登る

Dēng Guàn què lóu Wáng Zhī huàn

Bái rì yī shān jìn
白日依山尽 — 白日山に依りて尽き

Huáng hé rù hǎi liú
黄河入海流 — 黄河海に入って流る

Yù qióng qiān lǐ mù
欲穷千里目 — 千里の目を窮めんと欲し

Gèng shàng yì céng lóu
更上一层楼 — 更に上る一層の楼

偶成（朱熹） 偶成

Ǒu chéng Zhū Xī

Shào nián yì lǎo xué nán chéng
少年易老学难成 — 小年老い易く学成り難し

Yí cùn guāng yīn bù kě qīng
一寸光阴不可轻 — 一寸の光陰軽んず可からず

Wèi jué chí táng chūn cǎo mèng
未觉池塘春草梦 — 未だ覚めず池塘春草の夢

Jiē qián wú yè yǐ qiū shēng
阶前梧叶已秋声 — 階前の梧葉已に秋声

著者紹介

范 建明 （Fàn Jiànmíng） ● 電気通信大学 名誉教授
木村 守 （Mùcūn Shǒu） ● 東京学芸大学 教授
千葉偉一 （Qiānyè Wěiyī） ● 東京学芸大学 講師
李 偉 （Lǐ Wěi） ● 電気通信大学 講師

教養中国語―コミュニケーション入門篇―

2019 年 4 月 1 日 第 1 刷発行
2024 年 3 月 30 日 第 6 刷発行

● ● ●

発行者／佐藤和幸
発行所／(株)白帝社
〒171-0014 豊島区池袋 2-65-1
電話 03-3986-3271 FAX 03-3986-3272
https://www.hakuteisha.co.jp